THE KID'S

Sudoku!

Alastair Chisholm

Puzzles and solutions
by Alastair Chisholm
(visit Alastair's website Sudoku-san
at www.sudoku-san.com)

Illustrations by Nikalas Catlow
Edited by Philippa Wingate
Designed by Zoe Quayle
Assistant designer: Angela Bernardi

THE KIDS' BOOK OF

Sudoku!

			2	7	8			
8		6				5		9
1				9				7
7	3	2	8		4	9	6	5
4	9						3	8
6	8	1	5		9	4	7	2
5				8				6
2		3				8		4
			1	6	2			

Buster Books

First published in Great Britain in 2005 by Buster Books,
an imprint of Michael O'Mara Books Limited,
9 Lion Yard, Tremadoc Road,
London SW4 7NQ

ISBN : 1-905158-24-6

10 9 8 7 6 5 4 3

Printed and bound in Great Britain
by Cox & Wyman, Reading, Berks.

Contents

Introduction

What Is Sudoku?

Sudoku is a number puzzle that originated in Japan. The aim of the puzzle is to fill in all the missing numbers in a grid.

On the page opposite is an empty Sudoku puzzle grid. Each row has nine squares, each column has nine squares and each box has nine squares. When the puzzle is complete, **every column, row and box must contain each of the numbers from 1 to 9**, but only once.

In every Sudoku puzzle some of the numbers in the grid have been filled in already. You have to work out the numbers that go in each of the empty squares.

Sudoku experts are very patient. To solve a puzzle you need to use your brain and keep trying!

This is a Sudoku puzzle grid.

This is a column.

This is a row.

This is a square.

This is a box.

How Do I Solve A Puzzle?

You don't need to be a mathematical genius, you just need to be logical.

Here is part of a Sudoku puzzle. Try guessing which number is missing in the top row of the grid and the right-hand box.

8	4	6	2		1	3	5	7
						2		1
						6	4	8

Easy, isn't it? If you look at the top row, you can see that it contains 1, 2, 3, 4, 5, 6, 7 and 8, so the only number missing is 9 and there is only one empty square for it to go in. The same is true of the right-hand box.

Sadly those fiendish Sudoku people rarely make it as easy as this to work out where a missing number goes. You need to learn other techniques to help you work out where numbers should go.

Row By Row

In the example below, you will see that the box in the middle and on the right both contain the number 1. Where does 1 go in the left-hand box?

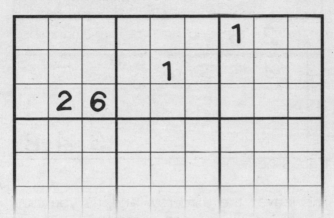

Well, you know that the top row already contains the number 1, so no other square in that row can contain 1.

You know that the second row already contains the number 1, so no other square in that row can contain 1.

						1		
				1				
↑	**2**	**6**						

1 goes here

This leaves the third row and, as you can see, the third row in the left-hand box only has one empty square, so the missing number 1 must go in there.

See, you got your answer by a process of elimination. That means you decided where the 1 went by working out all the squares that it couldn't go in.

10

Column By Column

Here is another bit of a Sudoku puzzle.
You will see that box in the middle and on
the right both contain the number 1. Where
does 1 go in the left-hand box?

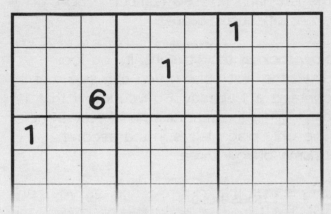

Well, you know that the top row contains
the number 1, so no other square in that
row can contain 1.

You know that the second row contains the number 1, so no other square in that row can contain a 1.

This leaves the third row. You can see that there are two empty squares in this row in the left-hand box. So number 1 might go in either of these squares.

Now look at the columns. If you look down the first column you can see that it contains a 1 already. So you know that 1 can't go in the first column of row three. The only place left is in the second column of row three.

1 goes here

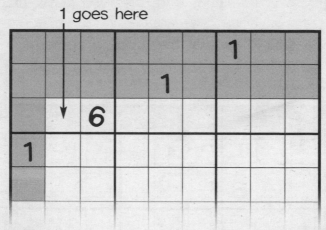

12

Box By Box

The final skill you need is to use the boxes to help you place numbers. Where does the 1 go in the right-hand box below?

3	**7**			**1**				
9	**4**						**5**	
								1
		1						

From the columns and rows you know that number 1 does not appear in any of the squares shaded in below.

3	**7**			**1**				
9	**4**						**5**	
								1
		1						

Now use the left-hand box to help you.
You know that the 1 in this box cannot be
on the second row, or in third column.
That leaves two possible squares in the
top row. So you know that number 1 in the
left-hand box must appear on the top row.

This means that 1 cannot appear in the
top row in the right-hand box. Eliminate
all these squares and eliminate the ninth
column because of the 1 in the fourth row.

Now you can see that there is only one
square in which the 1 can go in the
right-hand box.

1 goes here

?	?							
3	7			1				
9	4					↓	5	
								1
		1						

How To Use This Book

The puzzles in this book are divided in to six levels depending on difficulty.

Brain Ticklers may tease your head a bit, but they will get you started and hooked.

Brain Spinners may make your head spin, but will help you develop the skills that will allow you to Sudoku with the best of them.

Brain Busters are guaranteed to make you bite your nails with fury and frustration.

Brain Zappers will fry your brain and send sparks shooting out of your head. If you can solve these you know you are on the way to becoming a genuine Sudoku genius.

Brain Bogglers will drive you so mad that hairs will grow on the palms of your hand, but they will prove you are a true Sudoku master and should be worshipped by all your friends.

Major Melt Down - what can we say? These puzzles are so hard they should carry a health warning! If you can solve one of these your next step could be world domination.

So get Sudoku-ing. You can check your answers at the back of this book where you will find all the solutions to the puzzles.

Hot Tips And Help

1. When you start a puzzle look out for rows, columns and boxes which have lots of numbers already filled in. It is often easy to complete these.

2. Look for numbers that already appear frequently in an unsolved Sudoku grid and work out the other positions of these numbers.

3. When you place a number, it's a good idea to see if you can fill in the same number elsewhere in the grid.

4. Never just guess a number. Every puzzle in this book has all the information you need to work out where the numbers go.

5. Copy or trace over the grid opposite and use it to have another go at a puzzle if you find you have gone wrong.

6. The best way to become a super Sudoku solver is through patience and practice.

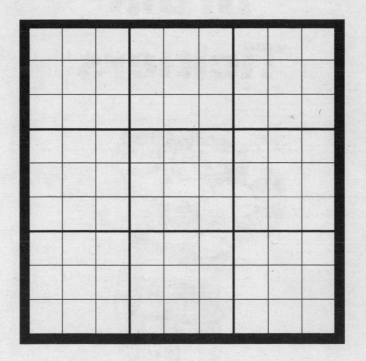

Level One:

Brain Ticklers

Level One:
Brain Ticklers

Puzzle 1

9	7	1	5	3	2	4	8	6
4	8	5	6	7	9	3	2	1
2	6	3	1	4	8	7	5	9
5	3	8	2	9	1	6	7	4
6	9	7	8	5	4	2	1	3
1	4	2	7	6	3	8	9	5
8	1	9	4	2	6	5	3	7
7	2	4	3	1	5	9	6	8
3	5	6	9	8	7	1	4	2

The answer to this puzzle
is on page 176.

19

Level One:
Brain Ticklers

Puzzle 2

3	5	2	8	7	1	4	6	9
9	4	6	2	3	5	8	1	7
1	7	8	9	4	6	5	2	3
2	8	7	5	1	9	6	3	4
6	3	9	7	2	4	1	8	5
5	1	4	6	8	3	7	9	2
7	9	1	3	5	8	2	4	6
8	6	5	4	9	2	3	7	1
4	2	3	1	6	7	9	5	8

The answer to this puzzle
is on page 176.

20

Level One:
Brain Ticklers

Puzzle 3

5	1	8	4	9	7	3	6	2
6	2	3	1	5	8	4	9	7
4	7	9	2	6	3	1	8	5
2	3	5	7	1	6	8	4	9
8	9	6	3	2	4	5	7	1
7	4	1	5	8	9	2	3	6
9	8	2	6	3	5	7	1	4
3	5	4	9	7	1	6	2	8
1	6	7	8	4	2	9	5	3

The answer to this puzzle is on page 176.

21

Level One:
Brain Ticklers

Puzzle 4

7	6	9	1	2	3	8	4	5
1	8	5	9	4	7	2	3	6
4	3	2	6	5	8	7	1	9
9	2	3	5	7	4	1	6	8
8	5	1	3	9	6	4	7	2
6	7	4	2	8	1	5	9	3
2	9	6	7	1	5	3	8	4
5	1	8	4	3	9	6	2	7
3	4	7	8	6	2	9	5	1

The answer to this puzzle is on page 177.

22

Level One:
Brain Ticklers

Puzzle 5

2	1	6	5	7	3	4	8	9
4	7	8	9	6	2	5	1	3
3	9	5	1	8	4	2	7	6
5	2	9	3	1	6	8	4	7
1	8	4	2	9	7	6	3	5
7	6	3	8	4	5	9	2	1
6	3	1	4	5	8	7	9	2
8	5	2	7	3	9	1	6	4
9	4	7	6	2	1	3	5	8

The answer to this puzzle is on page 177.

Level One:
Brain
Ticklers

Puzzle 6

6	8	3	9	7	4	2	5	1
1	2	5	6	8	3	9	7	4
4	7	9	5	2	1	8		3
3	4	1	8	9	6	5	2	7
8	6	7	3	5	2	1	4	9
5	9	2	4	1	7	3	8	6
2	1	6	7	3	8	4	9	
7	5	8	1	4	9	6	3	2
9	3		2	6	5	7	1	8

The answer to this puzzle
is on page 177.

Level One:
Brain
Ticklers

Puzzle 7

1	4	7	2	5	6	3		8
	3	8	4	9	1	7	2	6
9	6		3	7	8		1	5
7	2	6	9	1	3	5	8	4
4	9	5	8		2	1	3	7
3	8	1	7	4	5	9	6	2
6	5		1	8	9		7	3
2	7	9	6	3	4	8	5	
8		3	5	2	7	6	4	9

The answer to this puzzle
is on page 178.

25

Level One:
Brain Ticklers

Puzzle 8

5	6	3	9	8	2	1		4
	4	2	6	7		9	5	8
7	9	8	1	5	4	6	3	2
2		1	7	4	9	8	6	5
8	5	6	3		1	7	4	9
9	7	4	8	6	5	2		3
4	8	5	2	1	7	3	9	6
3	2	7		9	6	5	8	
6		9	5	3	8	4	2	7

The answer to this puzzle is on page 178.

26

Level One:
Brain Ticklers

Puzzle 9

	9	2	8	1	7	3	6	5
8	1	3	5	6	4	7	9	
6	7	5	9	2	3	4	8	1
9	5	4		8	1	2	3	7
2		1	3		9	6		4
7	3	6	2	4		8	1	9
5	2	9	7	3	6	1	4	8
	4	8	1	5	2	9	7	6
1	6	7	4	9	8	5	2	

The answer to this puzzle
is on page 178.

27

Level One:
Brain Ticklers

Puzzle 10

5	6		7	9		1	3	2
8	3	2	6	1	4	5	9	7
7	1	9	3	2	5	6	4	
	4	8	1	6	7	3	2	5
6	2	1	4		3	8	7	9
3	5	7	2	8	9	4	1	
	9	3	5	7	6	2	8	4
2	7	6	8	4	1	9	5	3
4	8	5		3	2		6	1

The answer to this puzzle
is on page 179.

28

Level Two:
Brain
Spinners

Level Two:
Brain Spinners

Puzzle 11

4	3	7	8	1		5	6	2
6	2	1		5	4	3	9	8
8		5	2	6			1	4
1	4	3	9			6	2	5
	5	8		2		4	3	
2	7	6			5	1	8	9
3	6			9	7	8		1
7	1	4	6	8		9	5	3
5	8	9		3	1	2	7	6

The answer to this puzzle
is on page 179.

30

Level Two:
Brain Spinners

Puzzle 12

5	1	2	3		4	9	8	6
7	8		6		9		4	1
9	6	4	1		5	2	3	7
8	4	7	5		2	6	9	3
		9		6		8		
2	5	6	8		3	1	7	4
3	2	8	7		1	4	6	9
4	9		2		6		1	8
6	7	1	9		8	3	5	2

The answer to this puzzle
is on page 179.

Level Two:
Brain Spinners

Puzzle 13

2	1	3		5	4	6	8	7
4	6	8	2	7	3	1	5	
	9	5	8	1	6	3	2	4
		6	7		5	8	4	1
			4	3	1			
1	7	4	6		2	5		
9	4	2	1	6	8	7	3	
	8	1	3	4	7	9	6	2
6	3	7	5	2		4	1	8

The answer to this puzzle is on page 180.

Level Two:
Brain
Spinners
Puzzle 14

6		4		7		5	3	2
3	2	9			6		7	8
5	7	1	8	2		6	9	4
2	4	7	1	6		8	5	3
	9	3	2	4	5	7	1	
1	5	6		3	8	4	2	9
9	6	8		1	7	2	4	5
7	3		5			9	6	1
4	1	5		9		3		7

The answer to this puzzle is on page 180.

Level Two:
Brain Spinners

Puzzle 15

2	7	4		5		6		3
	1	9	4			7	2	5
6	3	5	8	7		1	9	4
7	5	8	1	2	3		6	9
3	4	6		9		2	1	8
1	9		6	8	4	3	5	7
4	8	1		6	5	9	7	2
5	2	3			9	8	4	
9		7		4		5	3	1

> The answer to this puzzle is on page 180.

34

Level Two:
Brain
Spinners

Puzzle 16

1		2			8	4	5	
7	4	5		9	1	8	3	2
8	9	3		4		1	6	7
3	1	7	4	6	5		9	8
5	8	9		2		6	7	4
6	2		7	8	9	3	1	5
9	3	8		5		7	4	1
2	7	1	9	3		5	8	6
	5	6	8			9		3

The answer to this puzzle
is on page 181.

35

Level Two:
Brain Spinners

Puzzle 17

	6	4	5	2	1	8	3	9
	3			9	7	6		
9	2	1	8	3	6	5	7	
3	9	2	1		8	7	4	5
	1	7	2	4	5	3	9	
5	4	8	3		9	1	6	2
	7	9	6	8	2	4	5	3
		3	7	1			8	
4	8	6	9	5	3	2	1	

The answer to this puzzle
is on page 181.

36

Level Two:
Brain Spinners

Puzzle 18

7	4	1	5	9		3	8	2
3		6	2	4	7	1	9	5
2	9	5	1	8	3	6		7
9	7	2			8		1	4
		4		5		8		
1	5		4			7	3	6
5		3	9	7	2	4	6	8
4	6	9	8	3	5	2		1
8	2	7		1	4	9	5	3

The answer to this puzzle
is on page 181.

37

Level Two:
Brain Spinners

Puzzle 19

8	9	2	5		3	6	7	4
1	5	3	6	4	7	9		8
4		6	9	2	8	1	3	5
5	3	4		6				2
	6	1		7		5	8	
7				5		4	6	9
3	8	7	1	9	5	2		6
2		9	7	8	6	3	5	1
6	1	5	2		4	8	9	7

The answer to this puzzle
is on page 182.

38

Level Two:
Brain Spinners
Puzzle 20

2	3	5	6		8	7	4	9
8	7	4	2		5	1	6	3
	1	6	7		3	2	5	
6	4	7	3		1	5	9	2
1				2				6
3	9	2	5		4	8	1	7
	8	1	4		6	9	2	
4	2	3	8		9	6	7	1
5	6	9	1		2	3	8	4

The answer to this puzzle
is on page 182.

39

Level Two:
Brain Spinners

Puzzle 21

7	6			4		2	8	5
1	4	9	2		8	3	6	7
2	5	8		3		9	4	
5	8	4	1	9		7	3	6
3		1	6	7	4	5		8
6	7	2		8	5	1	9	4
	1	5		2		6	7	3
8	2	7	5		3	4	1	9
9	3	6		1			5	2

The answer to this puzzle
is on page 182.

40

Level Two:
Brain Spinners
Puzzle 22

	8	1		2	3	6	9	7
3	7	4		6	9	8	2	1
2	6	9	7			3		5
8	1	2		3	6	5	7	4
4	3			1			6	9
6	9	7	2	4		1	3	8
7		8			4	9	1	3
1	4	6	3	9		7	5	2
9	5	3	1	7		4	8	

The answer to this puzzle
is on page 183.

41

Level Two:
Brain
Spinners

Puzzle 23

5	6	4		7	2	8	3	9
7	9	2				1	4	
8	1		9	4	6	7	2	5
6	4	5	8	9		3	7	2
1		9		6		5		4
3	8	7		2	5	9	6	1
4	5	6	7	3	9		1	8
	7	8				6	5	3
2	3	1	6	5		4	9	7

The answer to this puzzle
is on page 183.

Level Two:
Brain Spinners
Puzzle 24

5		8	6	2		1	4	3
9	2	4		3	1	5	6	7
1	6	3	7	4	5	8	9	
6	3	1					8	5
7	9	2		5		6	3	1
4	8					7	2	9
	4	9	3	1	7	2	5	6
2	1	6	5	9		3	7	8
3	5	7		8	6	9		4

The answer to this puzzle
is on page 183.

43

Level Two:
Brain
Spinners

Puzzle 25

2	1	5	8	4	7	3	6	
	4	8	3	1	6	2	7	5
7	6	3	5	2		1	8	4
	9	4	2		5			
6	8	7		9		5	4	2
			7		4	6	9	
1	3	9		5	8	4	2	7
4	7	2	9	3	1	8	5	
	5	6	4	7	2	9	3	1

The answer to this puzzle
is on page 184.

Level Two:
Brain Spinners

Puzzle 26

9		6		2	7	1	4	
5	4	1		6	3	7	2	8
7	8	2	4			9	6	3
2	6	9		4	5	3	8	7
3	7			8			1	9
8	1	4	7	3		2	5	6
4	5	3			6	8	7	1
6	2	7	3	1		5	9	4
	9	8	5	7		6		2

The answer to this puzzle
is on page 184.

45

Level Two:
Brain Spinners

Puzzle 27

7	5	2		9		1	8	3	6
3		9					7	1	2
8	6	1	2	3				5	9
	1	8	3	7	5	9	6	4
6	7	5		4		2	8	3
4	9	3	6	2	8	5	7	
1	2			8	3	6	9	7
5	3	7				1		8
9	8	6	7	1		3	2	5

The answer to this puzzle
is on page 184.

46

Level Two:
Brain Spinners

Puzzle 28

9	2	4	8	5	7	3		6
5	1		4	9	3	8	7	2
3	7	8		2	1	9	4	5
1	8				6		9	3
	6	2		7		1	5	
7	9		5				6	4
8	4	7	9	3		6	2	1
2	3	9	1	6	4		8	7
6		1	7	8	2	4	3	9

The answer to this puzzle
is on page 185.

Level Two:
Brain Spinners

Puzzle 29

5	9	8	6	4		2	7	3
1	3	2				8	4	6
	6	4	2	3			5	1
8	5	1	3	7	2	4		9
6	4	3		5		1	2	7
9		7	4	1	6	5	3	8
4	1			8	5	3	9	
3	7	9				6	8	5
2	8	5		6	3	7	1	4

The answer to this puzzle is on page 185.

Level Two:
Brain Spinners

Puzzle 30

9	8		2	3	1		5	4
3	7	2	8		5	9	1	6
1	5	4	9		6	3	8	2
4	6	9	5		2	8	3	7
				8				
8	3	1	7		4	6	2	5
6	9	3	4		8	5	7	1
5	4	8	1		7	2	9	3
2	1		3	5	9		6	8

The answer to this puzzle is on page 185.

49

Level Two:
Brain Spinners

Puzzle 31

4	2	6	5	7		8	9	1
7	5	9	8	1	6	3		2
3	1		2	4	9	6	7	5
2		4	1			7		3
		1	7	9	8	2		
6		7			4	5		9
1	7	5	9	8	2		3	6
9		3	6	5	7	1	2	8
8	6	2		3	1	9	5	7

The answer to this puzzle
is on page 186.

50

Level Three:

Brain
Busters

Level Three:
Brain
Busters

Puzzle 32

6	3			5			9	8
4	9	5				7	2	3
8	1	7				6	5	4
3	8	6	9		5	4	1	7
9		1		3		2		5
2	5	4	6		7	3	8	9
5	2	9				8	4	6
1	6	3				5	7	2
7	4			6			3	1

The answer to this puzzle
is on page 186.

52

Level Three:
Brain
Busters

Puzzle 33

1		8	3	7	5	2		6
5	7	9	4		2	3	8	1
3	6	2	8		9	5	4	7
		4		5		6		
7				9				2
		6		4		8		
9	1	3	5		6	7	2	4
6	8	7	9		4	1	3	5
4		5	1	3	7	9		8

The answer to this puzzle
is on page 186.

53

Level Three:
Brain
Busters

Puzzle 34

	5	1				8	4	
3	8	4		5		2	7	6
6	7	2				5	1	9
1	3	9	7		8	4	2	5
2			3	1	5			7
5	6	7	4		2	1	3	8
4	9	3				6	5	2
8	2	6		3		7	9	1
	1	5				3	8	

The answer to this puzzle
is on page 187.

54

Level Three:

Brain Busters

Puzzle 35

4	8	2		9		5	3	1
3	7	1	8		5	6	2	9
9		6	1		2	4		7
2		7	3		9	1		8
				7				
5		3	4		8	7		2
6		5	9		1	8		3
7	3	9	5		4	2	1	6
1	2	8		6		9	5	4

The answer to this puzzle
is on page 187.

Level Three:
Brain Busters

Puzzle 36

8		2				5		9
7	6	3	1	5		4	8	2
5	4	9		8	2	7	3	1
	3			1	4	6	5	
	9	4		2		3	1	
	5	8	7	3			9	
4	2	5	8	6		9	7	3
9	8	6		4	7	1	2	5
3		1				8		6

The answer to this puzzle
is on page 187.

Level Three:
Brain
Busters

Puzzle 37

	9	7					4	8	
2	8	5		9		1	3	7
1	3	4	7		2	9	6	5
	5	8	2	6	3	7	4	
			9	4	8			
	6	3	1	5	7	8	2	
8	2	9	3		6	5	1	4
5	4	1		2		3	7	6
	7	6				2	9	

The answer to this puzzle
is on page 188.

57

Level Three:
Brain Busters

Puzzle 38

5	7	8				4	2	6
6	3	4	5		2	1	9	8
1		9				7		3
3	6	5		4		8	7	2
	8	2		5		9	3	
9	1	7		3		5	6	4
8		1				2		9
7	9	6	1		4	3	8	5
2	4	3				6	1	7

The answer to this puzzle
is on page 188.

58

Level Three:
Brain
Busters

Puzzle 39

8	9		4	3			2	6
	2	4	9	5	6	8	1	3
	3	5	2	8	1	4	9	7
	7	6		9			4	1
				1				
9	1			4		3	7	
1	6	2	5	7	8	9	3	
3	5	9	1	2	4	7	6	
4	8			6	9		5	2

The answer to this puzzle
is on page 188.

Level Three:
Brain
Busters

Puzzle 40

2	3	9		1	4	7	5	6
1	4	8	7	6		9	2	3
5	7			3		8	1	
4	9			8	3			2
	2			5			9	
6			4	2			8	7
	1	2		9			4	5
3	8	5		4	6	1	7	9
9	6	4	5	7		2	3	8

The answer to this puzzle
is on page 189.

60

Level Three:
Brain
Busters

Puzzle 41

1	2	3	4		6	7	5	8
9	4	5	1	7	8	2	6	3
	6	7	2	3	5	4	1	
	9						8	
		8		5		1		
	7						2	
	5	2	8	4	9	6	3	
3	8	6	7	2	1	9	4	5
4	1	9	5		3	8	7	2

The answer to this puzzle
is on page 189.

61

Level Three:
Brain
Busters

Puzzle 42

5	3	4				1	6	9
9	7	2	1		3	5	8	4
1		8				2		3
4	1	5	6		7	3	9	8
		7		1		4		
6	9	3	4		8	7	2	1
7		6				8		2
3	8	9	2		1	6	4	5
2	5	1				9	3	7

The answer to this puzzle
is on page 189.

Level Three:
Brain Busters

Puzzle 43

4	2	9						3
	7	5		2			9	
3	6	1		5	9	8	7	2
1	8		7	6	2	9	4	5
6	5	7		4		3	2	8
9	4	2	3	8	5		1	6
7	1	4	2	3		5	8	9
	9			7		1	3	
5						2	6	7

The answer to this puzzle
is on page 190.

Level Three:
Brain Busters

Puzzle 44

8		5	3	2	7	1	4	6
		7	4					3
1		3		5		7	8	2
7	3	1	9	6		4	5	8
9		2		4		6		1
4	8	6		7	5	2	3	9
3	7	8		1		9		4
5					4	8		
2	1	4	7	9	8	3		5

The answer to this puzzle
is on page 190.

Level Three:
Brain Busters

Puzzle 45

2	7	9	8	1	6	5		3
5	8	6		3	4	1	9	7
	4	1	7			6	2	8
6							1	5
8	3			7			6	2
1	2							9
7	1	8			3	2	5	
4	6	2	5	8		9	3	1
9		3	1	6	2	8	7	4

The answer to this puzzle
is on page 190.

65

Level Three:
Brain
Busters

Puzzle 46

2	7	9	1		5	3	8	6
	5	8				4	9	
3	4	6	9		2	7	5	1
	2		8	7	9		6	
7			6	2	4			8
	6		5	1	3		2	
9	8	2	7		1	6	4	3
	3	7				2	1	
4	1	5	2		6	8	7	9

The answer to this puzzle is on page 191.

Level Three:
Brain Busters

Puzzle 47

6		5		7		3		2
9	8	1	6		3	4	5	7
7	2	3	5	4	8	9	6	1
4		6				5		9
			2	9	7			
3		2				7		8
8	3	4	9	5	2	1	7	6
1	5	7	3		6	2	9	4
2		9		1		8		5

The answer to this puzzle
is on page 191.

Level Three:
Brain
Busters

Puzzle 48

9	5	3	6		8	4	7	2
6	8	2	4		7	5	3	1
	4	1	3	5	2	8	9	
	6			3			8	
			5	2	4			
	7			6			2	
	3	5	9	7	6	2	4	
8	2	6	1		3	9	5	7
4	9	7	2		5	6	1	3

The answer to this puzzle
is on page 191.

Level Three:
Brain
Busters

Puzzle 49

7		6	8	5	4	9		3
5	4	1	3	2		6	7	8
8	9	3	6	7	1	4		5
		8		4				1
		5		1		3		
6				8		5		
3		2	1	6	7	8	4	9
4	6	9		3	8	1	5	7
1		7	4	9	5	2		6

The answer to this puzzle
is on page 192.

69

Level Three:
Brain Busters

Puzzle 50

	7	8	4	3	6	5	1	2
5	2	4	8	7		6	9	3
3	1	6						
	6	5		4		2	3	8
	9	7		2		1	4	
2	4	3		1		7	5	
						8	2	4
4	3	1		8	2	9	6	5
6	8	2	5	9	4	3	7	

The answer to this puzzle
is on page 192.

70

Level Three:
Brain
Busters

Puzzle 51

5	8						6	2
9	1	2	6		4	7	3	5
6	7	4	3	5	2	9	1	8
7	3			4			9	6
			7	9	5			
8	2			3			4	7
1	4	8	5	2	3	6	7	9
2	9	6	8		7	3	5	4
3	5						8	1

The answer to this puzzle
is on page 192.

Level Three:
Brain
Busters

Puzzle 52

9	5			7		4		2	8
7	8	3	1		2	9	4	5
6	2	4	8		9	3	1	7
		6	5		3	8		
2				4				1
		5	9		1	4		
1	9	2	3		6	5	7	4
3	6	7	4		5	2	8	9
5	4		2		7		6	3

The answer to this puzzle
is on page 193.

72

Level Three:
Brain Busters

Puzzle 53

4	5	1	9		7	6	2	3
	9	3	4	1	6	5	7	
8	7	6	2	5	3	9	4	1
			3		5			
		4		2		3		
			1		8			
5	1	2	8	9	4	7	3	6
	4	7	5	3	2	8	1	
9	3	8	6		1	4	5	2

The answer to this puzzle
is on page 193.

73

Level Three:
Brain
Busters

Puzzle 54

7	5			9			8	6
2	6	9	1		8	3	4	5
8	1	3	6		5	9	2	7
	3		4		6		7	
4			3	1	2			9
	2		9		7		3	
5	4	8	7		1	2	9	3
3	7	6	8		9	5	1	4
1	9			3			6	8

The answer to this puzzle
is on page 193.

Level Three:
Brain
Busters

Puzzle 55

8		2	7		9	1		4
3	5	7	6		1	8	2	9
1	9	4	8		5	3	6	7
			3		7			
2	3	1		6		4	7	5
			4		2			
7	4	3	2		6	5	9	1
6	1	9	5		4	2	8	3
5		8	1		3	7		6

The answer to this puzzle
is on page 194.

Level Three:

Brain

Busters

Puzzle 56

8	6	3	7		2	4	5	9
4	9	2	6		5	1	3	7
5	7						2	6
	5	8		3		2	6	
1			9	2	8			3
	2	7		5		9	4	
6	8						9	4
2	3	4	8		9	7	1	5
7	1	9	5		3	6	8	2

The answer to this puzzle
is on page 194.

Level Three:
Brain
Busters

Puzzle 57

1	4	9	7		6	3	8	2
6	5	2	4		3	1	7	9
	3	7		2		5	4	
		5	8		4	2		
2	1			9			3	8
		4	6		2	7		
	6	3		7		8	1	
4	2	8	3		1	9	5	7
5	7	1	9		8	6	2	3

The answer to this puzzle
is on page 194.

77

Level Three:
Brain
Busters

Puzzle 58

	9	7	1	6	3	8	5	
5	1	3	9		4	2	6	7
4	6	8	7	5	2	9	3	1
		2				1		
	4			3			8	
		6				3		
6	2	1	4	7	8	5	9	3
9	8	4	3		5	6	7	2
	3	5	6	2	9	4	1	

The answer to this puzzle
is on page 195.

78

Level Three:
Brain
Busters

Puzzle 59

2	3	6	9			1	7	5	8

2	3	6	9		1	7	5	8
	9	5		7		2	1	
7	1	8	5		3	4	6	9
		3	2	8	5	1		
			3	1	4			
		2	6	9	7	3		
5	2	9	7		8	6	4	1
	8	1		5		9	3	
3	7	4	1		9	8	2	5

The answer to this puzzle
is on page 195.

Level Three:
Brain
Busters

Puzzle 60

	8	1				7	3	
3	7	4	6		8	1	5	9
5	9	2				4	8	6
8	6	3	4		5	2	7	1
	1			6			4	
4	2	9	3		1	8	6	5
1	5	8				6	9	7
9	3	6	1		7	5	2	4
	4	7				3	1	

The answer to this puzzle
is on page 195.

80

Level Three:
Brain
Busters

Puzzle 61

3		1	5	2	6	4	9	8
	5	8		4	9		6	3
4		6	3	8	7	1	2	5
			7	5	1			
	1		8	6	3		7	
			2	9	4			
1	3	4	6	7	2	8		9
8	2		4	1		6	3	
7	6	5	9	3	8	2		1

The answer to this puzzle
is on page 196.

Level Three:
Brain
Busters

Puzzle 62

5	7	3	9	1	4	2	6	8
2	1	8	7		3	9	5	4
	4	9		5		7	3	
	8	4				5	1	
			4	8	1			
	2	6				8	4	
	3	2		4		1	8	
4	5	1	8		6	3	9	7
8	6	7	1	3	9	4	2	5

The answer to this puzzle
is on page 196.

82

Level Three:
Brain
Busters

Puzzle 63

4	6	8				3	2	9
3	2						1	7
1	7	5	2	3	9	6	4	8
9	8	2	5		1	7	3	6
				2				
5	3	4	8		7	2	9	1
8	5	6	3	9	4	1	7	2
7	9						6	4
2	4	1				9	5	3

The answer to this puzzle
is on page 196.

83

Level Three:
Brain Busters

Puzzle 64

5	2	4	1	7	8	3	9	
9		3	2	6		5		
6	8	1	5	9	3		2	7
		5	3	4		6		8
		7		2		1		
1		8		5	7	2		
3	4		7	8	5	9	1	2
		9		3	2	7		5
	5	2	9	1	6	8	3	4

The answer to this puzzle
is on page 197.

84

Level Three:
Brain Busters

Puzzle 65

6			5	1	3	4	7	8
1	5	4	8	6	7	3		2
3			9		2	6	5	1
2	4	1	7					
8			1	2	4			9
					8	1	2	4
5	1	3	6		9			7
4		8	2	3	5	9	1	6
9	2	6	4	7	1			3

The answer to this puzzle
is on page 197.

Level Three:
Brain
Busters

Puzzle 66

4	3	1				7	5	9
9		2		1		4		6
5	6	7	4		3	2	1	8
6	7	3				9	2	4
1	5			2			8	7
2	9	8				5	6	1
3	2	9	1		6	8	7	5
7		6		8		1		2
8	1	5				6	4	3

The answer to this puzzle
is on page 197.

86

Level Three:
Brain Busters
Puzzle 67

2	9	3	7		1	6	5	8
5	4	8		3		1	7	9
6		1		9		2		4
7	8	2				5	4	1
			5	7	2			
9	3	5				7	6	2
4		9		2		3		5
3	5	7		8		4	2	6
8	2	6	3		4	9	1	7

The answer to this puzzle
is on page 198.

Level Three:
Brain
Busters

Puzzle 68

2	6	3	8	9		5	4	1
5	7	4	1	6			8	3
	1	8	4	3	5	2	7	6
				5			6	
8	9			1			2	5
	4			2				
6	8	1	2	4	3	7	5	
7	5			8	1	4	3	2
4	3	2		7	9	6	1	8

The answer to this puzzle
is on page 198.

88

Level Three:
Brain
Busters

Puzzle 69

6	3	2	9		1	5	7	4
7	5		2		4		3	9
9	8	4				2	1	6
1	6		5		7		9	2
			4	9	8			
5	4		6		2		8	3
3	2	7				9	6	8
8	9		3		6		4	7
4	1	6	8		9	3	2	5

The answer to this puzzle
is on page 198.

Level Three:
Brain Busters

Puzzle 70

	4	3	7		2	9	8	
8	7	9	3		5	2	4	1
5	2	1	4		9	3	6	7
4			8	3	7			6
				2				
1			5	9	6			2
3	8	4	6		1	7	2	9
2	6	5	9		8	1	3	4
	1	7	2		3	6	5	

The answer to this puzzle is on page 199.

Level Three:
Brain
Busters

Puzzle 71

5	3	6	7		1	8	9	2
8	1	7	3		2	6	4	5
	4	2		6		1	7	
		8	2	1	6	9		
			4	5	3			
		1	8	7	9	5		
	6	3		8		4	2	
2	9	5	6		4	7	8	1
1	8	4	9		7	3	5	6

The answer to this puzzle
is on page 199.

Level Four:
Brain
Zappers

Level Four:
Brain Zappers

Puzzle 72

4	9		5	2	6		7	3
			9		8			
			3	4	7			
9		2				4		7
		7	4		3	2		
8		3				9		5
			1	7	9			
			2		5			
7	2		6	3	4		8	9

The answer to this puzzle is on page 199.

Level Four:
Brain Zappers

Puzzle 73

		6				8		
8		7				4		5
3		4	5	8	1	7		6
	4	8				9	7	
			7		9			
	6	9				3	5	
6		3	2	9	5	1		7
1		5				6		2
		2				5		

The answer to this puzzle
is on page 200.

94

Level Four:
Brain
Zappers
Puzzle 74

			9	5	6			
9			2		3			8
		3	4	7	8	1		
2	6						9	7
		7	8		2	5		
5	9						1	3
		2	1	6	4	9		
8			7		5			1
			3	8	9			

The answer to this puzzle
is on page 200.

Level Four:
Brain Zappers

Puzzle 75

3			8	2	9			5
	8		3	4	5		7	
	9		7		6		3	
		6				2		
9			6		2			7
		3				5		
	5		9		3		2	
	7		1	8	4		5	
6			2	5	7			4

The answer to this puzzle
is on page 200.

96

Level Four:
Brain Zappers

Puzzle 76

			8	6				
	9	6	5	4			2	
				3	9		7	
		9		2			3	1
6	7	4	3		8	2	5	9
1	2			9		4		
	5		6	7				
	4			5	2	9	6	
				8	3			

The answer to this puzzle
is on page 201.

97

Level Four:
Brain Zappers
Puzzle 77

	7	4				1	6	
8		6				2		5
	1	5		7		8	3	
		3	8		6	7		
	2						5	
		9	2		3	4		
	3	2		6		5	8	
9		8				6		1
	6	7				9	2	

The answer to this puzzle
is on page 201.

98

Puzzle 78

			3	8		5	
8	5			6	9		4	
		7	2					
3	2			9		1		
4	8	9	5		3	6	7	2
		6		8			3	5
			7	6				
	4		8	5			9	6
	6		9	4				

The answer to this puzzle
is on page 201.

99

Level Four:
Brain Zappers
Puzzle 79

		6	8	3	2	5		
	3		7		1		6	
7			5		4			2
		7	6		3	1		
3								6
		5	9		8	7		
8			2		5			7
	7		3		9		5	
		1	4	7	6	8		

The answer to this puzzle
is on page 202.

Level Four:
Brain
Zappers

Puzzle 80

			4	1				
	5		2	6		9	4	
	3			5	9			
		4		7			1	9
5	8	9	3		1	4	6	7
6	7			8		5		
			6	9			7	
	1	3		4	2		8	
				3	5			

The answer to this puzzle
is on page 202.

Level Four:
Brain
Zappers
Puzzle 81

	2			7			1	
6		5		8		9		7
1				9				6
		8	9	2	7	6		
	9			8		5		4
		2	6	4	3	1		
9				5				1
2		1		3		5		9
	8			6			3	

The answer to this puzzle
is on page 202.

102

Level Four:
Brain Zappers

Puzzle 82

	2		8		5		7	
3			9		1			6
			4	7	6			
1		2	5		7	6		3
		8				2		
6		3	2		9	4		7
			1	5	8			
8			6		2			4
	6		7		3		1	

The answer to this puzzle
is on page 203.

103

Puzzle 83

		4		9			3	
	1	9		7	2	8		6
8				5	3	2		
			6	8	7			
	6		3		5		1	
			9	4	1			
		5	2	1				9
2		1	7	3		5	6	
	8			6		1		

The answer to this puzzle
is on page 203.

Level Four:
Brain Zappers

Puzzle 84

			5	9	1			
			2		6			
	5	9	7		4	2	6	
4		5	6		8	1		9
	2						4	
3		1	4		9	7		2
	4	3	9		7	6	5	
			8		2			
			3	4	5			

The answer to this puzzle
is on page 203.

Level Four:
Brain
Zappers

Puzzle 85

	9	7		4		3		
				8				4
1		5		3		8		2
			4	2	8			
7	8	4	3		6	5	2	9
			9	5	7			
4		1		6		9		3
5				9				
		2		7		1	5	

The answer to this puzzle
is on page 204.

Level Four:
Brain Zappers

Puzzle 86

	2	9		3		5	6	
		8		6		7		
1			8	9	7			4
			5	4	2			
		5	7		3	9		
			9	8	6			
6			1	5	4			9
		4		2		6		
	9	1		7		2	4	

The answer to this puzzle
is on page 204.

Level Four:
Brain
Zappers

Puzzle 87

8			3	1			2	
				4	5	8		
	5			9				7
	4		5	7	1	6	8	9
			8		9			
7	8	9	6	3	4		5	
1				5			6	
		5	1	6				
	6			8	7			1

The answer to this puzzle
is on page 204.

Level Four:
Brain
Zappers
Puzzle 88

7			1		8			2
	1			3			8	
6	3	8	4		5	1	9	7
			9		2			
		1				3		
			3		1			
9	8	5	6		7	2	1	3
	4			5			7	
3			2		9			4

The answer to this puzzle
is on page 205.

Level Four:
Brain Zappers
Puzzle 89

2		8				3		9
6	7	3	1		9	8	5	4
			8	3	5			
1								6
			2		1			
9								5
			9	6	2			
5	2	4	3		7	9	6	1
7		6				2		8

The answer to this puzzle
is on page 205.

Level Four:
Brain
Zappers

Puzzle 90

			5		4			
	8		2	6	1		5	
3		2	7	9	8	1		4
1								8
		8	6		2	4		
5								9
6		5	4	8	9	2		1
	4		1	7	5		8	
			3		6			

The answer to this puzzle
is on page 205.

Level Four:
Brain
Zappers

Puzzle 91

				5		1		
		4	1	3				
3		5	2	8		7	4	
				6		9	8	
4	9	8	3		2	5	6	7
	5	1		9				
	3	6		7	1	2		4
				2	8	3		
		9		4				

The answer to this puzzle
is on page 206.

Level Four:
Brain
Zappers
Puzzle 92

	3	7	6		5	9	4	
		4		3		1		
	8	6				5	2	
		9	1		7	3		
7								5
		8	5		9	7		
	9	1				8	5	
		3		5		2		
	2	5	4		1	6	3	

The answer to this puzzle
is on page 206.

113

Level Four:
Brain Zappers

Puzzle 93

	1		6	9	8		5	
				5				
	8	5		7		4	6	
		1		6		5		
5	7	6	3		4	8	9	2
		4		8		7		
	5	8		4		9	2	
				2				
	9		8	3	1		4	

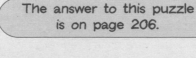

The answer to this puzzle
is on page 206.

114

Level Four:
Brain
Zappers

Puzzle 94

			2	8	6			
				9		1		
	3	8		4		5		
2			9	6	4			1
5	8	6	7		2	9	3	4
1			8	3	5			7
		7		5		6	1	
		9		2				
			6	7	1			

The answer to this puzzle
is on page 207.

Level Four:
Brain Zappers

Puzzle 95

	9						7	
	8	4	1		7	2	9	
7	3			4			6	5
	2	3				9	8	
			8		6			
	5	7				3	1	
3	4			7			5	2
	6	2	5		4	7	3	
	7						4	

The answer to this puzzle is on page 207.

116

Level Four:
Brain
Zappers

Puzzle 96

	1		2	5	9			
	5			4			3	2
			8	3				
1				6		3		9
3	9	2	4		7	6	5	8
5		8		9				7
				7	3			
4	7			8			6	
			1	2	4		7	

The answer to this puzzle
is on page 207.

Level Four:
Brain
Zappers
Puzzle 97

2		5	9		8	6		3
4			1	7	6			8
7	6						9	4
9								6
			3		4			
8								5
6	9						3	1
5			8	3	9			7
3		4	7		1	5		9

The answer to this puzzle
is on page 208.

			2	8	3			
6	8	7	4		9	3	5	2
	2						4	
	7			9			6	
9	6						3	7
	1			5			2	
	3						1	
2	9	1	7		5	6	8	3
			1	3	2			

The answer to this puzzle
is on page 208.

Level Four:
Brain Zappers

Puzzle 99

9	5	2		3		8	6	7
	8						3	
	3	7				4	9	
	6		2		1		4	
5								8
	4		8		9		1	
	2	5				9	7	
	7						8	
4	9	1		8		2	5	6

The answer to this puzzle
is on page 208.

Level Four:
Brain
Zappers

Puzzle 100

1			8	6		5		7
	8			4			9	
2				9	7			
		2		5				8
5	3	1	4		8	6	7	9
7				1		4		
			9	3				5
	7			8			1	
4		9		7	5			3

The answer to this puzzle
is on page 209.

Level Four:
Brain
Zappers

Puzzle 101

	2		7	3	8		1	
5			9		1			8
			5		4			
	7	1	6		9	2	8	
		4				1		
	8	9	1		7	6	5	
			4		2			
8			3		5			1
	1		8	7	6		2	

The answer to this puzzle
is on page 209.

Level Five:

Brain
Bogglers

Level Five:
Brain Bogglers

Puzzle 102

3	8	1	2	7	9		6	
				5	3			
	2	7	4	8	6			
			3		4	6		9
	7		9		8		5	
6		9	7		5			
			5	3	2	4	9	
			6	4				
	6		8	9	7	2	1	5

The answer to this puzzle
is on page 209.

Level Five:
Brain Bogglers
Puzzle 103

		3				9	1	
7		1		8		5		
5	6	8	9	3		7	4	2
				9		8		
	8	7	5		4	6	9	
		4		6				
8	1	9		4	5	3	6	7
		5		7		4		1
	7	6				2		

The answer to this puzzle is on page 210.

125

Level Five:
Brain Bogglers

Puzzle 104

	5		4	7	9		2	
	4		3	8	2		6	
		3	6		5	7		
3			9		6			7
	8	5				4	9	
6			7		8			5
		2	8		1	3		
	3		2	9	4		7	
	6		5	3	7		8	

The answer to this puzzle
is on page 210.

126

Level Five:
Brain Bogglers
Puzzle 105

8			5		3	2		
9			4	8	2	7	5	
		2	7	9	6			
	2	3			7			
	7	8	6		9	5	2	
			2			3	6	
			9	6	5	1		
	3	9	8	7	1			5
		6	3		4			9

The answer to this puzzle is on page 210.

Level Five:
Brain Bogglers
Puzzle 106

	6		9	3	4	2		5
		2						
3				7				
7	2		8	6	3	5	9	4
5	3	4				6	2	8
8	9	6	2	4	5		3	7
				1				9
						4		
4		9	7	2	8		5	

The answer to this puzzle is on page 211.

Level Five:
Brain Bogglers
Puzzle 107

			2	5	3			
		8	6		4	5		
3			7	9	8			6
1	8		4		7		5	9
9		3				6		7
4	7		9		5		8	3
5			3	7	1			4
		4	5		6	9		
			8	4	9			

The answer to this puzzle
is on page 211.

129

Level Five:
Brain Bogglers
Puzzle 108

6	8		5	3	2	4	7	9
5		4		8				6
2							3	
9			1		7			5
7	1						4	3
8			9		3			1
	5							2
4				1		8		7
3	6	7	2	9	8		5	4

The answer to this puzzle
is on page 211.

130

Level Five:
Brain
Bogglers
Puzzle 109

6	4		7		2		1	
		9	5				2	
	7		6	8	9		4	
			3	7	6			
7	9	3	2		4	5	8	6
			8	9	5			
	2		4	6	8		5	
	8				3	2		
	5		9		7		3	1

The answer to this puzzle
is on page 212.

131

Level Five:
Brain Bogglers
Puzzle 110

	3		7			4	8	
8	6	9	5	3		2	7	1
4	7						5	
				5			6	9
	5		4		7		3	
7	2			9				
	8						2	4
6	9	7		4	3	5	1	8
	4	5			1		9	

The answer to this puzzle
is page 212.

Level Five:
Brain Bogglers

Puzzle 111

7	5	8	1	3	9		6	4
9				5				7
			7					9
6			3		2	1		8
4	8						2	5
2		7	9		5			3
1					4			
8				1				6
5	6		8	9	7	4	3	1

The answer to this puzzle
is on page 212.

Level Five:
Brain Bogglers

Puzzle 112

		6	8				5	
	2						6	
4	5	7		3	9	1	2	8
	7			5		3	9	6
	6		3		4		7	
1	8	3		9			4	
5	9	8	4	7		6	3	2
	4						8	
	3				5	7		

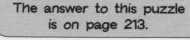

The answer to this puzzle
is on page 213.

134

Level Five:
Brain Bogglers
Puzzle 113

7	6	3	9	4	1		5	8
9		5						7
				5			6	9
2		4		3				5
5			7		8			3
6				5		8		1
3	7		5					
8						1		4
4	9		3	8	2	5	7	6

The answer to this puzzle
is on page 213.

135

Level Five:
Brain Bogglers

Puzzle 114

6	7		2	9	3	8	4	5
2					4			7
9				8				
4	5			1				6
7		8	5		9	1		3
3				7			5	9
				3				2
5			4					8
8	2	3	6	5	7		1	4

The answer to this puzzle
is on page 213.

Level Five:
Brain Bogglers
Puzzle 115

		9	7		5	6		
2			8	3	4			1
	1		2	9	6		7	
	5		6		8		9	
7		8				2		4
	6		9		2		3	
	4		3	6	9		2	
6			5	8	1			9
		3	4		7	5		

The answer to this puzzle is on page 214.

Level Five:
Brain Bogglers
Puzzle 116

				7	3	8		
	3		8	9	5		6	
	8		6	4	2		7	9
			2		7	9	8	
		8	4		6	2		
	5	7	9		8			
1	2		5	8	4		9	
	4		7	6	9		3	
		6	3	2				

The answer to this puzzle
is on page 214.

Level Five:
Brain Bogglers

Puzzle 117

		4				9		
			2	5		7		
5	2	9	7	8	4	6		3
		6		9		3	4	
	7	8	4		1	2	5	
	4	2		3		8		
8		3	6	7	5	4	9	2
		5		4	3			
		7				5		

The answer to this puzzle
is on page 214.

139

Level Five:
Brain Bogglers

Puzzle 118

3	8	1	2	7	9		6	
				5	3			
	2	7	4	8	6			
			3		4	6		9
	7		9		8		5	
6		9	7		5			
			5	3	2	4	9	
			6	4				
	6		8	9	7	2	1	5

> The answer to this puzzle
> is on page 215.

140

Level Five:
Brain Bogglers

Puzzle 119

		3				9	1	
7		1		8		5		
5	6	8	9	3		7	4	2
				9		8		
	8	7	5		4	6	9	
		4		6				
8	1	9		4	5	3	6	7
		5		7		4		1
	7	6				2		

The answer to this puzzle
is on page 215.

141

Level Five:
Brain
Bogglers
Puzzle 120

	5		4	7	9		2	
	4		3	8	2		6	
		3	6		5	7		
3			9		6			7
	8	5				4	9	
6			7		8			5
		2	8		1	3		
	3		2	9	4		7	
	6		5	3	7		8	

The answer to this puzzle
is on page 215.

Level Five:
Brain
Bogglers

Puzzle 121

8			5		3	2		
9			4	8	2	7	5	
		2	7	9	6			
	2	3			7			
	7	8	6		9		5	2
			2			3	6	
			9	6	5	1		
	3	9	8	7	1			5
		6	3		4			9

The answer to this puzzle
is on page 216.

143

Level Five:
Brain Bogglers
Puzzle 122

	6		9	3	4	2		5
		2						
3				7				
7	2		8	6	3	5	9	4
5	3	4				6	2	8
8	9	6	2	4	5		3	7
				1				9
						4		
4		9	7	2	8		5	

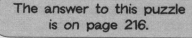

The answer to this puzzle
is on page 216.

144

Level Five:
Brain Bogglers
Puzzle 123

			2	5	3			
		8	6		4	5		
3			7	9	8			6
1	8		4		7		5	9
9		3				6		7
4	7		9		5		8	3
5			3	7	1			4
		4	5		6	9		
			8	4	9			

The answer to this puzzle
is on page 216.

145

Level Five:
Brain Bogglers
Puzzle 124

6	8		5	3	2	4	7	9
5		4		8				6
2							3	
9			1		7			5
7	1						4	3
8			9		3			1
	5							2
4				1		8		7
3	6	7	2	9	8		5	4

The answer to this puzzle
is on page 217.

Level Five:
Brain Bogglers

Puzzle 125

6	4		7		2		1	
		9	5				2	
	7		6	8	9		4	
			3	7	6			
7	9	3	2		4	5	8	6
			8	9	5			
	2		4	6	8		5	
	8				3	2		
	5		9		7		3	1

The answer to this puzzle
is on page 217.

147

Level Five:
Brain Bogglers

Puzzle 126

4	9	2	6	7	8	3		5
				4	5			9
8								7
5	3			2				6
6	2		1		4		7	8
7				9			3	4
3								2
2			9	5				
9		5	7	8	2	4	6	3

The answer to this puzzle
is on page 217.

148

Level Five:
Brain Bogglers

Puzzle 127

			6	8	9			
		9	2	4	5	3		
6	5		7		3		8	4
9			5		8			2
4	3						5	7
5			4		7			3
1	7		9		4		3	8
		3	8	5	6	1		
			3	7	1			

The answer to this puzzle
is on page 218.

149

Level Five:
Brain Bogglers
Puzzle 128

	1	5					8	
6	9		8	4	3	1	5	7
	4				5			3
	6	4		8			9	
	7		4		6		1	
	5			2		8	6	
4			9				3	
9	8	1	5	3	7		4	6
	3					9	7	

The answer to this puzzle
is on page 218.

150

Level Five:
Brain Bogglers
Puzzle 129

	2	1	9	5				
		6	1	8	4		9	
			6	2	7			5
			2	4	9		7	3
	1		7		8		5	
9	7		5	6	1			
6			8	9	5			
	9		4	1	6	2		
			7	2	5	6		

The answer to this puzzle
is on page 218.

151

Level Five:
Brain Bogglers
Puzzle 130

		9			3	5		
	7		4					
8		6	5	9	2	7	4	3
1		2		6		4		
	6	8	3		1	2	7	
		3		2		8		1
9	2	4	7	3	5	6		8
				8		9		
		5	6			3		

The answer to this puzzle
is on page 218.

152

Level Five:
Brain Bogglers
Puzzle 131

	3		8	4	1			
	9			3		2		
4				6		5		
7	4		3	2	5	8	9	6
	6		4		8		2	
2	8	5	6	7	9		4	3
		3		8				2
		7		9			5	
			1	5	3		6	

The answer to this puzzle
is on page 219.

153

Level Six:

Major
Melt Down

Level Six:
Major Melt Down

Puzzle 132

		9		8			3	
7		5				2		
	8			7			9	1
			9	1	7			
9		6	4		8	5		7
			3	6	5			
4	1			5			6	
		7				8		4
	5			4		1		

The answer to this puzzle is on page 219.

Level Six:
Major Melt Down

Puzzle 133

3			8	4		5		
	5	7		6				3
6			7	3		9		
	6			8				
	8	5				2	7	
				5			9	
		4		9	6			1
1				2		8	5	
		9		7	8			6

The answer to this puzzle
is on page 219.

Level Six:
Major Melt Down
Puzzle 134

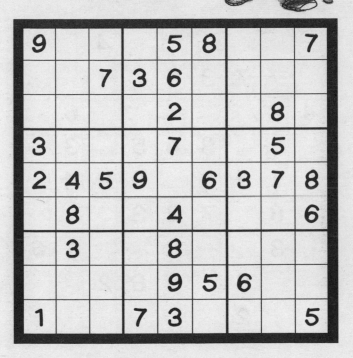

				5	8			7
9				5	8			7
		7	3	6				
				2			8	
3				7			5	
2	4	5	9		6	3	7	8
	8			4				6
	3			8				
				9	5	6		
1			7	3				5

The answer to this puzzle is on page 219.

Level Six:
Major Melt Down

Puzzle 135

							4	
		7	3	5		1		
4	2			7			6	
			8	4	5		3	
	7	3	6		9	8	4	
	8		7	2	3			
	3			8			1	6
		8		9	6	2		
		2						

The answer to this puzzle
is on page 220.

Level Six:
Major Melt Down

Puzzle 136

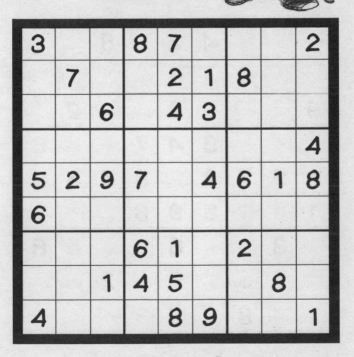

3			8	7				2
	7			2	1	8		
		6		4	3			
								4
5	2	9	7		4	6	1	8
6								
			6	1		2		
		1	4	5			8	
4				8	9			1

The answer to this puzzle
is on page 220.

Level Six:
Major Melt Down

Puzzle 137

			4	2		8		
		6		8				
9				3			2	
			3	4	7			6
6	9	7	2		8	4	5	3
1			5	9	6			
	3			6				8
				7		2		
		8		5	3			

160

The answer to this puzzle
is on page 220.

Level Six:
Major Melt Down

Puzzle 138

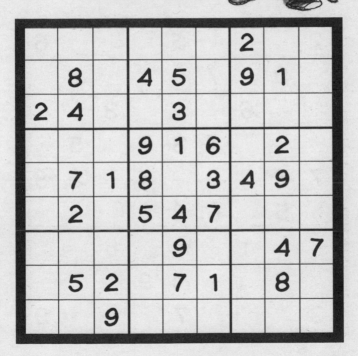

						2		
	8		4	5		9	1	
2	4			3				
			9	1	6		2	
	7	1	8		3	4	9	
	2		5	4	7			
				9			4	7
	5	2		7	1		8	
		9						

The answer to this puzzle is on page 220.

161

Level Six:
Major Melt Down

Puzzle 139

2				5				6
	9		7	6			2	
		6				3		
			4	3	7		5	
7	6		9		5		3	8
	5		6	8	2			
		1				8		
	2			4	9		7	
3				7				9

The answer to this puzzle
is on page 221.

Level Six:
Major Melt Down

Puzzle 140

5					7			2
	7		2	8			3	
				5				
9			4	2	6		8	
	6	8	3		5	9	7	
	4		8	7	9			3
				9				
	2			3	8		5	
3			5					1

The answer to this puzzle is on page 221.

163

Level Six:
Major Melt Down

Puzzle 141

6		7			8			
					4	1	7	
		9		1	3			
			4	8	9		5	6
	4		3		5		1	
5	9		1	7	6			
			9	6		8		
	7	3	8					
			5			2		4

The answer to this puzzle
is on page 221.

164

Level Six:
Major Melt Down
Puzzle 142

2				1	8		5	3
6	1			9			2	
				4				
1				2				
8	9	2	6		4	7	1	5
				8				6
				7				
	6			5			8	1
9	5		4	6				2

The answer to this puzzle
is on page 221.

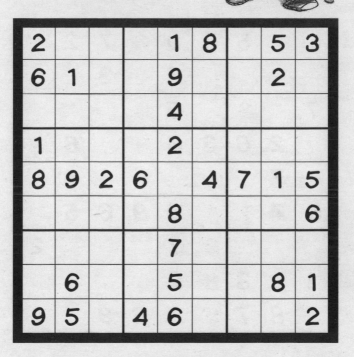

165

Level Six:
Major Melt Down

Puzzle 143

		5	1	9		7	2	
				6		3		5
7				5				
	2	6	3	4			8	
	7						4	
	4			8	9	6	5	
				7				2
1		3		2				
	8	7		3	6	9		

The answer to this puzzle
is on page 222.

Level Six:
Major Melt Down

Puzzle 144

				8		1		
	2		6	3			8	
8			7	1				
				9		4	1	
3	5	4	1		7	8	6	9
	6	9		5				
				7	1			4
	8			6	9		2	
		6		4				

The answer to this puzzle is on page 222.

1								9
	9	3		7			4	
			6	9			8	
			5	6	7	4		
	8	7	1		4	9	6	
		4	2	8	9			
	1			2	5			
	2			4		1	9	
8								2

The answer to this puzzle
is on page 222.

Level Six:
Major Melt Down
Puzzle 146

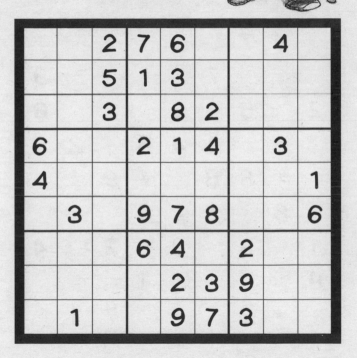

		2	7	6			4	
		5	1	3				
		3		8	2			
6			2	1	4		3	
4								1
	3		9	7	8			6
			6	4		2		
				2	3	9		
	1			9	7	3		

The answer to this puzzle
is on page 222.

Level Six:
Major Melt Down

Puzzle 147

	4	7					1	
			7					9
2		5		9		3		6
			1	4	6		2	
		6	8		7	9		
	8		5	2	9			
1		9		8		2		4
8					1			
		2				7	1	

The answer to this puzzle is on page 223.

Level Six:
Major Melt Down

Puzzle 148

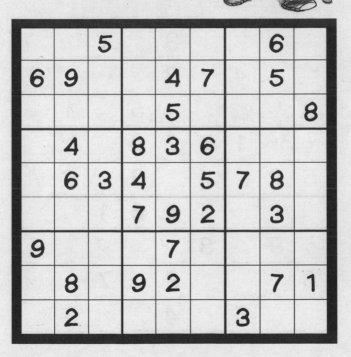

		5					6	
6	9			4	7		5	
				5				8
	4		8	3	6			
	6	3	4		5	7	8	
			7	9	2		3	
9				7				
	8		9	2			7	1
	2				3			

The answer to this puzzle
is on page 223.

171

Level Six:
Major Melt Down

Puzzle 149

	1			3		2		
		4		8				6
3					5		1	
		1	7	2	9			
5	2		4		3		6	7
			5	6	8	1		
	9		8					4
6				9		7		
		5		4			3	

The answer to this puzzle
is on page 223.

172

Level Six:
Major Melt Down

Puzzle 150

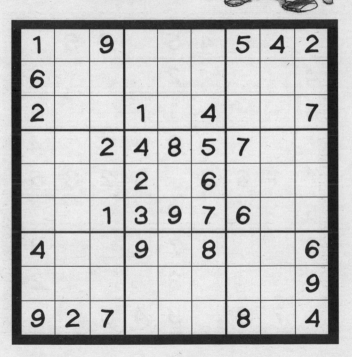

1		9				5	4	2
6								
2			1		4			7
		2	4	8	5	7		
			2		6			
		1	3	9	7	6		
4			9		8			6
								9
9	2	7				8		4

The answer to this puzzle
is on page 223.

173

Major Melt Down

Puzzle 151

		3	4	5		7	6	
4				2				
8				1				3
				8				4
7	1	6	9		3	2	8	5
5				6				
2				7				8
				3				2
	7	8		9	4	5		

The answer to this puzzle
is on page 224.

All The
Answers

puzzle 1

9	7	1	5	3	2	4	8	6
4	8	5	6	7	9	3	2	1
2	6	3	1	4	8	7	5	9
5	3	8	2	9	1	6	7	4
6	9	7	8	5	4	2	1	3
1	4	2	7	6	3	8	9	5
8	1	9	4	2	6	5	3	7
7	2	4	3	1	5	9	6	8
3	5	6	9	8	7	1	4	2

puzzle 2

3	5	2	8	7	1	4	6	9
9	4	6	2	3	5	8	1	7
1	7	8	9	4	6	5	2	3
2	8	7	5	1	9	6	3	4
6	3	9	7	2	4	1	8	5
5	1	4	6	8	3	7	9	2
7	9	1	3	5	8	2	4	6
8	6	5	4	9	2	3	7	1
4	2	3	1	6	7	9	5	8

puzzle 3

5	1	8	4	9	7	3	6	2
6	2	3	1	5	8	4	9	7
4	7	9	2	6	3	1	8	5
2	3	5	7	1	6	8	4	9
8	9	6	3	2	4	5	7	1
7	4	1	5	8	9	2	3	6
9	8	2	6	3	5	7	1	4
3	5	4	9	7	1	6	2	8
1	6	7	8	4	2	9	5	3

7	6	9	1	2	3	8	4	5
1	8	5	9	4	7	2	3	6
4	3	2	6	5	8	7	1	9
9	2	3	5	7	4	1	6	8
8	5	1	3	9	6	4	7	2
6	7	4	2	8	1	5	9	3
2	9	6	7	1	5	3	8	4
5	1	8	4	3	9	6	2	7
3	4	7	8	6	2	9	5	1

puzzle 4

puzzle 5

2	1	6	5	7	3	4	8	9
4	7	8	9	6	2	5	1	3
3	9	5	1	8	4	2	7	6
5	2	9	3	1	6	8	4	7
1	8	4	2	9	7	6	3	5
7	6	3	8	4	5	9	2	1
6	3	1	4	5	8	7	9	2
8	5	2	7	3	9	1	6	4
9	4	7	6	2	1	3	5	8

6	8	3	9	7	4	2	5	1
1	2	5	6	8	3	9	7	4
4	7	9	5	2	1	8	6	3
3	4	1	8	9	6	5	2	7
8	6	7	3	5	2	1	4	9
5	9	2	4	1	7	3	8	6
2	1	6	7	3	8	4	9	5
7	5	8	1	4	9	6	3	2
9	3	4	2	6	5	7	1	8

puzzle 6

puzzle 7

1	4	7	2	5	6	3	9	8
5	3	8	4	9	1	7	2	6
9	6	2	3	7	8	4	1	5
7	2	6	9	1	3	5	8	4
4	9	5	8	6	2	1	3	7
3	8	1	7	4	5	9	6	2
6	5	4	1	8	9	2	7	3
2	7	9	6	3	4	8	5	1
8	1	3	5	2	7	6	4	9

puzzle 8

5	6	3	9	8	2	1	7	4
1	4	2	6	7	3	9	5	8
7	9	8	1	5	4	6	3	2
2	3	1	7	4	9	8	6	5
8	5	6	3	2	1	7	4	9
9	7	4	8	6	5	2	1	3
4	8	5	2	1	7	3	9	6
3	2	7	4	9	6	5	8	1
6	1	9	5	3	8	4	2	7

puzzle 9

4	9	2	8	1	7	3	6	5
8	1	3	5	6	4	7	9	2
6	7	5	9	2	3	4	8	1
9	5	4	6	8	1	2	3	7
2	8	1	3	7	9	6	5	4
7	3	6	2	4	5	8	1	9
5	2	9	7	3	6	1	4	8
3	4	8	1	5	2	9	7	6
1	6	7	4	9	8	5	2	3

puzzle 10

5	6	4	7	9	8	1	3	2
8	3	2	6	1	4	5	9	7
7	1	9	3	2	5	6	4	8
9	4	8	1	6	7	3	2	5
6	2	1	4	5	3	8	7	9
3	5	7	2	8	9	4	1	6
1	9	3	5	7	6	2	8	4
2	7	6	8	4	1	9	5	3
4	8	5	9	3	2	7	6	1

puzzle 11

4	3	7	8	1	9	5	6	2
6	2	1	7	5	4	3	9	8
8	9	5	2	6	3	7	1	4
1	4	3	9	7	8	6	2	5
9	5	8	1	2	6	4	3	7
2	7	6	3	4	5	1	8	9
3	6	2	5	9	7	8	4	1
7	1	4	6	8	2	9	5	3
5	8	9	4	3	1	2	7	6

5	1	2	3	7	4	9	8	6
7	8	3	6	2	9	5	4	1
9	6	4	1	8	5	2	3	7
8	4	7	5	1	2	6	9	3
1	3	9	4	6	7	8	2	5
2	5	6	8	9	3	1	7	4
3	2	8	7	5	1	4	6	9
4	9	5	2	3	6	7	1	8
6	7	1	9	4	8	3	5	2

puzzle 12

puzzle 13

2	1	3	9	5	4	6	8	7
4	6	8	2	7	3	1	5	9
7	9	5	8	1	6	3	2	4
3	2	6	7	9	5	8	4	1
8	5	9	4	3	1	2	7	6
1	7	4	6	8	2	5	9	3
9	4	2	1	6	8	7	3	5
5	8	1	3	4	7	9	6	2
6	3	7	5	2	9	4	1	8

puzzle 14

6	8	4	9	7	1	5	3	2
3	2	9	4	5	6	1	7	8
5	7	1	8	2	3	6	9	4
2	4	7	1	6	9	8	5	3
8	9	3	2	4	5	7	1	6
1	5	6	7	3	8	4	2	9
9	6	8	3	1	7	2	4	5
7	3	2	5	8	4	9	6	1
4	1	5	6	9	2	3	8	7

puzzle 15

2	7	4	9	5	1	6	8	3
8	1	9	4	3	6	7	2	5
6	3	5	8	7	2	1	9	4
7	5	8	1	2	3	4	6	9
3	4	6	5	9	7	2	1	8
1	9	2	6	8	4	3	5	7
4	8	1	3	6	5	9	7	2
5	2	3	7	1	9	8	4	6
9	6	7	2	4	8	5	3	1

puzzle 16

1	6	2	3	7	8	4	5	9
7	4	5	6	9	1	8	3	2
8	9	3	5	4	2	1	6	7
3	1	7	4	6	5	2	9	8
5	8	9	1	2	3	6	7	4
6	2	4	7	8	9	3	1	5
9	3	8	2	5	6	7	4	1
2	7	1	9	3	4	5	8	6
4	5	6	8	1	7	9	2	3

puzzle 17

7	6	4	5	2	1	8	3	9
8	3	5	4	9	7	6	2	1
9	2	1	8	3	6	5	7	4
3	9	2	1	6	8	7	4	5
6	1	7	2	4	5	3	9	8
5	4	8	3	7	9	1	6	2
1	7	9	6	8	2	4	5	3
2	5	3	7	1	4	9	8	6
4	8	6	9	5	3	2	1	7

puzzle 18

7	4	1	5	9	6	3	8	2
3	8	6	2	4	7	1	9	5
2	9	5	1	8	3	6	4	7
9	7	2	3	6	8	5	1	4
6	3	4	7	5	1	8	2	9
1	5	8	4	2	9	7	3	6
5	1	3	9	7	2	4	6	8
4	6	9	8	3	5	2	7	1
8	2	7	6	1	4	9	5	3

8	9	2	5	1	3	6	7	4
1	5	3	6	4	7	9	2	8
4	7	6	9	2	8	1	3	5
5	3	4	8	6	9	7	1	2
9	6	1	4	7	2	5	8	3
7	2	8	3	5	1	4	6	9
3	8	7	1	9	5	2	4	6
2	4	9	7	8	6	3	5	1
6	1	5	2	3	4	8	9	7

puzzle 19

puzzle 20

2	3	5	6	1	8	7	4	9
8	7	4	2	9	5	1	6	3
9	1	6	7	4	3	2	5	8
6	4	7	3	8	1	5	9	2
1	5	8	9	2	7	4	3	6
3	9	2	5	6	4	8	1	7
7	8	1	4	3	6	9	2	5
4	2	3	8	5	9	6	7	1
5	6	9	1	7	2	3	8	4

7	6	3	9	4	1	2	8	5
1	4	9	2	5	8	3	6	7
2	5	8	7	3	6	9	4	1
5	8	4	1	9	2	7	3	6
3	9	1	6	7	4	5	2	8
6	7	2	3	8	5	1	9	4
4	1	5	8	2	9	6	7	3
8	2	7	5	6	3	4	1	9
9	3	6	4	1	7	8	5	2

puzzle 21

puzzle 22

5	8	1	4	2	3	6	9	7
3	7	4	5	6	9	8	2	1
2	6	9	7	8	1	3	4	5
8	1	2	9	3	6	5	7	4
4	3	5	8	1	7	2	6	9
6	9	7	2	4	5	1	3	8
7	2	8	6	5	4	9	1	3
1	4	6	3	9	8	7	5	2
9	5	3	1	7	2	4	8	6

puzzle 23

5	6	4	1	7	2	8	3	9
7	9	2	5	8	3	1	4	6
8	1	3	9	4	6	7	2	5
6	4	5	8	9	1	3	7	2
1	2	9	3	6	7	5	8	4
3	8	7	4	2	5	9	6	1
4	5	6	7	3	9	2	1	8
9	7	8	2	1	4	6	5	3
2	3	1	6	5	8	4	9	7

puzzle 24

5	7	8	6	2	9	1	4	3
9	2	4	8	3	1	5	6	7
1	6	3	7	4	5	8	9	2
6	3	1	9	7	2	4	8	5
7	9	2	4	5	8	6	3	1
4	8	5	1	6	3	7	2	9
8	4	9	3	1	7	2	5	6
2	1	6	5	9	4	3	7	8
3	5	7	2	8	6	9	1	4

2	1	5	8	4	7	3	6	9
9	4	8	3	1	6	2	7	5
7	6	3	5	2	9	1	8	4
3	9	4	2	6	5	7	1	8
6	8	7	1	9	3	5	4	2
5	2	1	7	8	4	6	9	3
1	3	9	6	5	8	4	2	7
4	7	2	9	3	1	8	5	6
8	5	6	4	7	2	9	3	1

puzzle 25

puzzle 26

9	3	6	8	2	7	1	4	5
5	4	1	9	6	3	7	2	8
7	8	2	4	5	1	9	6	3
2	6	9	1	4	5	3	8	7
3	7	5	6	8	2	4	1	9
8	1	4	7	3	9	2	5	6
4	5	3	2	9	6	8	7	1
6	2	7	3	1	8	5	9	4
1	9	8	5	7	4	6	3	2

7	5	2	4	9	1	8	3	6
3	4	9	8	5	6	7	1	2
8	6	1	2	3	7	4	5	9
2	1	8	3	7	5	9	6	4
6	7	5	1	4	9	2	8	3
4	9	3	6	2	8	5	7	1
1	2	4	5	8	3	6	9	7
5	3	7	9	6	2	1	4	8
9	8	6	7	1	4	3	2	5

puzzle 27

puzzle 28

9	2	4	8	5	7	3	1	6
5	1	6	4	9	3	8	7	2
3	7	8	6	2	1	9	4	5
1	8	5	2	4	6	7	9	3
4	6	2	3	7	9	1	5	8
7	9	3	5	1	8	2	6	4
8	4	7	9	3	5	6	2	1
2	3	9	1	6	4	5	8	7
6	5	1	7	8	2	4	3	9

puzzle 29

5	9	8	6	4	1	2	7	3
1	3	2	5	9	7	8	4	6
7	6	4	2	3	8	9	5	1
8	5	1	3	7	2	4	6	9
6	4	3	8	5	9	1	2	7
9	2	7	4	1	6	5	3	8
4	1	6	7	8	5	3	9	2
3	7	9	1	2	4	6	8	5
2	8	5	9	6	3	7	1	4

puzzle 30

9	8	6	2	3	1	7	5	4
3	7	2	8	4	5	9	1	6
1	5	4	9	7	6	3	8	2
4	6	9	5	1	2	8	3	7
7	2	5	6	8	3	1	4	9
8	3	1	7	9	4	6	2	5
6	9	3	4	2	8	5	7	1
5	4	8	1	6	7	2	9	3
2	1	7	3	5	9	4	6	8

puzzle 31

4	2	6	5	7	3	8	9	1
7	5	9	8	1	6	3	4	2
3	1	8	2	4	9	6	7	5
2	9	4	1	6	5	7	8	3
5	3	1	7	9	8	2	6	4
6	8	7	3	2	4	5	1	9
1	7	5	9	8	2	4	3	6
9	4	3	6	5	7	1	2	8
8	6	2	4	3	1	9	5	7

puzzle 32

6	3	2	7	5	4	1	9	8
4	9	5	1	8	6	7	2	3
8	1	7	2	9	3	6	5	4
3	8	6	9	2	5	4	1	7
9	7	1	4	3	8	2	6	5
2	5	4	6	1	7	3	8	9
5	2	9	3	7	1	8	4	6
1	6	3	8	4	9	5	7	2
7	4	8	5	6	2	9	3	1

puzzle 33

1	4	8	3	7	5	2	9	6
5	7	9	4	6	2	3	8	1
3	6	2	8	1	9	5	4	7
8	9	4	2	5	1	6	7	3
7	3	1	6	9	8	4	5	2
2	5	6	7	4	3	8	1	9
9	1	3	5	8	6	7	2	4
6	8	7	9	2	4	1	3	5
4	2	5	1	3	7	9	6	8

puzzle 34

9	5	1	2	7	6	8	4	3
3	8	4	9	5	1	2	7	6
6	7	2	8	4	3	5	1	9
1	3	9	7	6	8	4	2	5
2	4	8	3	1	5	9	6	7
5	6	7	4	9	2	1	3	8
4	9	3	1	8	7	6	5	2
8	2	6	5	3	4	7	9	1
7	1	5	6	2	9	3	8	4

puzzle 35

4	8	2	6	9	7	5	3	1
3	7	1	8	4	5	6	2	9
9	5	6	1	3	2	4	8	7
2	6	7	3	5	9	1	4	8
8	1	4	2	7	6	3	9	5
5	9	3	4	1	8	7	6	2
6	4	5	9	2	1	8	7	3
7	3	9	5	8	4	2	1	6
1	2	8	7	6	3	9	5	4

puzzle 36

8	1	2	4	7	3	5	6	9
7	6	3	1	5	9	4	8	2
5	4	9	6	8	2	7	3	1
2	3	7	9	1	4	6	5	8
6	9	4	5	2	8	3	1	7
1	5	8	7	3	6	2	9	4
4	2	5	8	6	1	9	7	3
9	8	6	3	4	7	1	2	5
3	7	1	2	9	5	8	4	6

puzzle 37

6	9	7	5	3	1	4	8	2
2	8	5	6	9	4	1	3	7
1	3	4	7	8	2	9	6	5
9	5	8	2	6	3	7	4	1
7	1	2	9	4	8	6	5	3
4	6	3	1	5	7	8	2	9
8	2	9	3	7	6	5	1	4
5	4	1	8	2	9	3	7	6
3	7	6	4	1	5	2	9	8

puzzle 38

5	7	8	3	1	9	4	2	6
6	3	4	5	7	2	1	9	8
1	2	9	4	8	6	7	5	3
3	6	5	9	4	1	8	7	2
4	8	2	6	5	7	9	3	1
9	1	7	2	3	8	5	6	4
8	5	1	7	6	3	2	4	9
7	9	6	1	2	4	3	8	5
2	4	3	8	9	5	6	1	7

puzzle 39

8	9	1	4	3	7	5	2	6
7	2	4	9	5	6	8	1	3
6	3	5	2	8	1	4	9	7
5	7	6	8	9	3	2	4	1
2	4	3	7	1	5	6	8	9
9	1	8	6	4	2	3	7	5
1	6	2	5	7	8	9	3	4
3	5	9	1	2	4	7	6	8
4	8	7	3	6	9	1	5	2

2	3	9	8	1	4	7	5	6
1	4	8	7	6	5	9	2	3
5	7	6	9	3	2	8	1	4
4	9	7	1	8	3	5	6	2
8	2	3	6	5	7	4	9	1
6	5	1	4	2	9	3	8	7
7	1	2	3	9	8	6	4	5
3	8	5	2	4	6	1	7	9
9	6	4	5	7	1	2	3	8

puzzle 40

puzzle 41

1	2	3	4	9	6	7	5	8
9	4	5	1	7	8	2	6	3
8	6	7	2	3	5	4	1	9
6	9	4	3	1	2	5	8	7
2	3	8	6	5	7	1	9	4
5	7	1	9	8	4	3	2	6
7	5	2	8	4	9	6	3	1
3	8	6	7	2	1	9	4	5
4	1	9	5	6	3	8	7	2

5	3	4	7	8	2	1	6	9
9	7	2	1	6	3	5	8	4
1	6	8	5	9	4	2	7	3
4	1	5	6	2	7	3	9	8
8	2	7	3	1	9	4	5	6
6	9	3	4	5	8	7	2	1
7	4	6	9	3	5	8	1	2
3	8	9	2	7	1	6	4	5
2	5	1	8	4	6	9	3	7

puzzle 42

189

puzzle 43

4	2	9	8	1	7	6	5	3
8	7	5	6	2	3	4	9	1
3	6	1	4	5	9	8	7	2
1	8	3	7	6	2	9	4	5
6	5	7	9	4	1	3	2	8
9	4	2	3	8	5	7	1	6
7	1	4	2	3	6	5	8	9
2	9	6	5	7	8	1	3	4
5	3	8	1	9	4	2	6	7

puzzle 44

8	9	5	3	2	7	1	4	6
6	2	7	4	8	1	5	9	3
1	4	3	6	5	9	7	8	2
7	3	1	9	6	2	4	5	8
9	5	2	8	4	3	6	7	1
4	8	6	1	7	5	2	3	9
3	7	8	5	1	6	9	2	4
5	6	9	2	3	4	8	1	7
2	1	4	7	9	8	3	6	5

puzzle 45

2	7	9	8	1	6	5	4	3
5	8	6	2	3	4	1	9	7
3	4	1	7	5	9	6	2	8
6	9	4	3	2	8	7	1	5
8	3	5	9	7	1	4	6	2
1	2	7	6	4	5	3	8	9
7	1	8	4	9	3	2	5	6
4	6	2	5	8	7	9	3	1
9	5	3	1	6	2	8	7	4

puzzle 46

2	7	9	1	4	5	3	8	6
1	5	8	3	6	7	4	9	2
3	4	6	9	8	2	7	5	1
5	2	3	8	7	9	1	6	4
7	9	1	6	2	4	5	3	8
8	6	4	5	1	3	9	2	7
9	8	2	7	5	1	6	4	3
6	3	7	4	9	8	2	1	5
4	1	5	2	3	6	8	7	9

puzzle 46

puzzle 47

puzzle 47

6	4	5	1	7	9	3	8	2
9	8	1	6	2	3	4	5	7
7	2	3	5	4	8	9	6	1
4	7	6	8	3	1	5	2	9
5	1	8	2	9	7	6	4	3
3	9	2	4	6	5	7	1	8
8	3	4	9	5	2	1	7	6
1	5	7	3	8	6	2	9	4
2	6	9	7	1	4	8	3	5

puzzle 48

9	5	3	6	1	8	4	7	2
6	8	2	4	9	7	5	3	1
7	4	1	3	5	2	8	9	6
2	6	4	7	3	9	1	8	5
3	1	8	5	2	4	7	6	9
5	7	9	8	6	1	3	2	4
1	3	5	9	7	6	2	4	8
8	2	6	1	4	3	9	5	7
4	9	7	2	8	5	6	1	3

puzzle 48

puzzle 49

7	2	6	8	5	4	9	1	3
5	4	1	3	2	9	6	7	8
8	9	3	6	7	1	4	2	5
9	3	8	5	4	2	7	6	1
2	7	5	9	1	6	3	8	4
6	1	4	7	8	3	5	9	2
3	5	2	1	6	7	8	4	9
4	6	9	2	3	8	1	5	7
1	8	7	4	9	5	2	3	6

puzzle 50

9	7	8	4	3	6	5	1	2
5	2	4	8	7	1	6	9	3
3	1	6	2	5	9	4	8	7
1	6	5	9	4	7	2	3	8
8	9	7	3	2	5	1	4	6
2	4	3	6	1	8	7	5	9
7	5	9	1	6	3	8	2	4
4	3	1	7	8	2	9	6	5
6	8	2	5	9	4	3	7	1

5	8	3	9	7	1	4	6	2
9	1	2	6	8	4	7	3	5
6	7	4	3	5	2	9	1	8
7	3	5	2	4	8	1	9	6
4	6	1	7	9	5	8	2	3
8	2	9	1	3	6	5	4	7
1	4	8	5	2	3	6	7	9
2	9	6	8	1	7	3	5	4
3	5	7	4	6	9	2	8	1

puzzle 51

9	5	1	7	3	4	6	2	8
7	8	3	1	6	2	9	4	5
6	2	4	8	5	9	3	1	7
4	1	6	5	7	3	8	9	2
2	3	9	6	4	8	7	5	1
8	7	5	9	2	1	4	3	6
1	9	2	3	8	6	5	7	4
3	6	7	4	1	5	2	8	9
5	4	8	2	9	7	1	6	3

puzzle 52

puzzle 53

4	5	1	9	8	7	6	2	3
2	9	3	4	1	6	5	7	8
8	7	6	2	5	3	9	4	1
7	2	9	3	6	5	1	8	4
1	8	4	7	2	9	3	6	5
3	6	5	1	4	8	2	9	7
5	1	2	8	9	4	7	3	6
6	4	7	5	3	2	8	1	9
9	3	8	6	7	1	4	5	2

7	5	4	2	9	3	1	8	6
2	6	9	1	7	8	3	4	5
8	1	3	6	4	5	9	2	7
9	3	1	4	5	6	8	7	2
4	8	7	3	1	2	6	5	9
6	2	5	9	8	7	4	3	1
5	4	8	7	6	1	2	9	3
3	7	6	8	2	9	5	1	4
1	9	2	5	3	4	7	6	8

puzzle 54

puzzle 55

8	6	2	7	3	9	1	5	4
3	5	7	6	4	1	8	2	9
1	9	4	8	2	5	3	6	7
4	8	6	3	5	7	9	1	2
2	3	1	9	6	8	4	7	5
9	7	5	4	1	2	6	3	8
7	4	3	2	8	6	5	9	1
6	1	9	5	7	4	2	8	3
5	2	8	1	9	3	7	4	6

puzzle 56

8	6	3	7	1	2	4	5	9
4	9	2	6	8	5	1	3	7
5	7	1	3	9	4	8	2	6
9	5	8	4	3	7	2	6	1
1	4	6	9	2	8	5	7	3
3	2	7	1	5	6	9	4	8
6	8	5	2	7	1	3	9	4
2	3	4	8	6	9	7	1	5
7	1	9	5	4	3	6	8	2

puzzle 57

1	4	9	7	5	6	3	8	2
6	5	2	4	8	3	1	7	9
8	3	7	1	2	9	5	4	6
7	9	5	8	3	4	2	6	1
2	1	6	5	9	7	4	3	8
3	8	4	6	1	2	7	9	5
9	6	3	2	7	5	8	1	4
4	2	8	3	6	1	9	5	7
5	7	1	9	4	8	6	2	3

puzzle 58

2	9	7	1	6	3	8	5	4
5	1	3	9	8	4	2	6	7
4	6	8	7	5	2	9	3	1
3	5	2	8	9	7	1	4	6
1	4	9	2	3	6	7	8	5
8	7	6	5	4	1	3	2	9
6	2	1	4	7	8	5	9	3
9	8	4	3	1	5	6	7	2
7	3	5	6	2	9	4	1	8

puzzle 59

2	3	6	9	4	1	7	5	8
4	9	5	8	7	6	2	1	3
7	1	8	5	2	3	4	6	9
9	4	3	2	8	5	1	7	6
8	6	7	3	1	4	5	9	2
1	5	2	6	9	7	3	8	4
5	2	9	7	3	8	6	4	1
6	8	1	4	5	2	9	3	7
3	7	4	1	6	9	8	2	5

puzzle 60

6	8	1	5	4	9	7	3	2
3	7	4	6	2	8	1	5	9
5	9	2	7	1	3	4	8	6
8	6	3	4	9	5	2	7	1
7	1	5	8	6	2	9	4	3
4	2	9	3	7	1	8	6	5
1	5	8	2	3	4	6	9	7
9	3	6	1	8	7	5	2	4
2	4	7	9	5	6	3	1	8

puzzle 61

3	7	1	5	2	6	4	9	8
2	5	8	1	4	9	7	6	3
4	9	6	3	8	7	1	2	5
6	4	3	7	5	1	9	8	2
9	1	2	8	6	3	5	7	4
5	8	7	2	9	4	3	1	6
1	3	4	6	7	2	8	5	9
8	2	9	4	1	5	6	3	7
7	6	5	9	3	8	2	4	1

puzzle 62

5	7	3	9	1	4	2	6	8
2	1	8	7	6	3	9	5	4
6	4	9	2	5	8	7	3	1
7	8	4	6	9	2	5	1	3
3	9	5	4	8	1	6	7	2
1	2	6	3	7	5	8	4	9
9	3	2	5	4	7	1	8	6
4	5	1	8	2	6	3	9	7
8	6	7	1	3	9	4	2	5

puzzle 63

4	6	8	7	1	5	3	2	9
3	2	9	4	8	6	5	1	7
1	7	5	2	3	9	6	4	8
9	8	2	5	4	1	7	3	6
6	1	7	9	2	3	4	8	5
5	3	4	8	6	7	2	9	1
8	5	6	3	9	4	1	7	2
7	9	3	1	5	2	8	6	4
2	4	1	6	7	8	9	5	3

puzzle 64

5	2	4	1	7	8	3	9	6
9	7	3	2	6	4	5	8	1
6	8	1	5	9	3	4	2	7
2	9	5	3	4	1	6	7	8
4	6	7	8	2	9	1	5	3
1	3	8	6	5	7	2	4	9
3	4	6	7	8	5	9	1	2
8	1	9	4	3	2	7	6	5
7	5	2	9	1	6	8	3	4

puzzle 65

6	9	2	5	1	3	4	7	8
1	5	4	8	6	7	3	9	2
3	8	7	9	4	2	6	5	1
2	4	1	7	9	6	8	3	5
8	3	5	1	2	4	7	6	9
7	6	9	3	5	8	1	2	4
5	1	3	6	8	9	2	4	7
4	7	8	2	3	5	9	1	6
9	2	6	4	7	1	5	8	3

puzzle 66

4	3	1	2	6	8	7	5	9
9	8	2	5	1	7	4	3	6
5	6	7	4	9	3	2	1	8
6	7	3	8	5	1	9	2	4
1	5	4	6	2	9	3	8	7
2	9	8	7	3	4	5	6	1
3	2	9	1	4	6	8	7	5
7	4	6	3	8	5	1	9	2
8	1	5	9	7	2	6	4	3

puzzle 67

2	9	3	7	4	1	6	5	8
5	4	8	2	3	6	1	7	9
6	7	1	8	9	5	2	3	4
7	8	2	9	6	3	5	4	1
1	6	4	5	7	2	8	9	3
9	3	5	4	1	8	7	6	2
4	1	9	6	2	7	3	8	5
3	5	7	1	8	9	4	2	6
8	2	6	3	5	4	9	1	7

puzzle 68

2	6	3	8	9	7	5	4	1
5	7	4	1	6	2	9	8	3
9	1	8	4	3	5	2	7	6
3	2	7	9	5	8	1	6	4
8	9	6	7	1	4	3	2	5
1	4	5	3	2	6	8	9	7
6	8	1	2	4	3	7	5	9
7	5	9	6	8	1	4	3	2
4	3	2	5	7	9	6	1	8

puzzle 69

6	3	2	9	8	1	5	7	4
7	5	1	2	6	4	8	3	9
9	8	4	7	5	3	2	1	6
1	6	8	5	3	7	4	9	2
2	7	3	4	9	8	6	5	1
5	4	9	6	1	2	7	8	3
3	2	7	1	4	5	9	6	8
8	9	5	3	2	6	1	4	7
4	1	6	8	7	9	3	2	5

puzzle 70

6	4	3	7	1	2	9	8	5
8	7	9	3	6	5	2	4	1
5	2	1	4	8	9	3	6	7
4	9	2	8	3	7	5	1	6
7	5	6	1	2	4	8	9	3
1	3	8	5	9	6	4	7	2
3	8	4	6	5	1	7	2	9
2	6	5	9	7	8	1	3	4
9	1	7	2	4	3	6	5	8

puzzle 71

5	3	6	7	4	1	8	9	2
8	1	7	3	9	2	6	4	5
9	4	2	5	6	8	1	7	3
4	5	8	2	1	6	9	3	7
6	7	9	4	5	3	2	1	8
3	2	1	8	7	9	5	6	4
7	6	3	1	8	5	4	2	9
2	9	5	6	3	4	7	8	1
1	8	4	9	2	7	3	5	6

puzzle 72

4	9	1	5	2	6	8	7	3
3	7	6	9	1	8	5	2	4
2	5	8	3	4	7	6	9	1
9	6	2	8	5	1	4	3	7
5	1	7	4	9	3	2	6	8
8	4	3	7	6	2	9	1	5
6	8	4	1	7	9	3	5	2
1	3	9	2	8	5	7	4	6
7	2	5	6	3	4	1	8	9

puzzle 73

9	5	6	4	2	7	8	1	3
8	1	7	9	3	6	4	2	5
3	2	4	5	8	1	7	9	6
2	4	8	6	5	3	9	7	1
5	3	1	7	4	9	2	6	8
7	6	9	8	1	2	3	5	4
6	8	3	2	9	5	1	4	7
1	9	5	3	7	4	6	8	2
4	7	2	1	6	8	5	3	9

puzzle 74

4	8	1	9	5	6	3	7	2
9	7	5	2	1	3	4	6	8
6	2	3	4	7	8	1	5	9
2	6	4	5	3	1	8	9	7
3	1	7	8	9	2	5	4	6
5	9	8	6	4	7	2	1	3
7	3	2	1	6	4	9	8	5
8	4	9	7	2	5	6	3	1
1	5	6	3	8	9	7	2	4

puzzle 75

3	6	7	8	2	9	1	4	5
1	8	2	3	4	5	6	7	9
5	9	4	7	1	6	8	3	2
8	4	6	5	7	1	2	9	3
9	1	5	6	3	2	4	8	7
7	2	3	4	9	8	5	6	1
4	5	1	9	6	3	7	2	8
2	7	9	1	8	4	3	5	6
6	3	8	2	5	7	9	1	4

4	3	2	8	6	7	1	9	5
7	9	6	5	4	1	8	2	3
8	1	5	2	3	9	6	7	4
5	8	9	4	2	6	7	3	1
6	7	4	3	1	8	2	5	9
1	2	3	7	9	5	4	8	6
9	5	8	6	7	4	3	1	2
3	4	7	1	5	2	9	6	8
2	6	1	9	8	3	5	4	7

puzzle 76

puzzle 77

3	7	4	5	2	8	1	6	9
8	9	6	3	4	1	2	7	5
2	1	5	6	7	9	8	3	4
5	4	3	8	1	6	7	9	2
6	2	1	4	9	7	3	5	8
7	8	9	2	5	3	4	1	6
1	3	2	9	6	4	5	8	7
9	5	8	7	3	2	6	4	1
4	6	7	1	8	5	9	2	3

6	1	7	4	3	8	2	5	9
8	5	2	1	6	9	3	4	7
9	3	4	7	2	5	8	6	1
3	2	5	6	9	7	1	8	4
4	8	9	5	1	3	6	7	2
1	7	6	2	8	4	9	3	5
5	9	1	3	7	6	4	2	8
2	4	3	8	5	1	7	9	6
7	6	8	9	4	2	5	1	3

puzzle 78

201

puzzle 79

4	1	6	8	3	2	5	7	9
5	3	2	7	9	1	4	6	8
7	8	9	5	6	4	3	1	2
9	2	7	6	4	3	1	8	5
3	4	8	1	5	7	9	2	6
1	6	5	9	2	8	7	3	4
8	9	3	2	1	5	6	4	7
6	7	4	3	8	9	2	5	1
2	5	1	4	7	6	8	9	3

puzzle 80

8	9	2	4	1	7	3	5	6
1	5	7	2	6	3	9	4	8
4	3	6	8	5	9	7	2	1
3	2	4	5	7	6	8	1	9
5	8	9	3	2	1	4	6	7
6	7	1	9	8	4	5	3	2
2	4	5	6	9	8	1	7	3
9	1	3	7	4	2	6	8	5
7	6	8	1	3	5	2	9	4

8	2	9	3	7	6	4	1	5
6	3	5	4	8	1	9	2	7
1	7	4	5	9	2	3	8	6
4	1	8	9	2	7	6	5	3
3	9	6	8	1	5	7	4	2
7	5	2	6	4	3	1	9	8
9	6	3	2	5	4	8	7	1
2	4	1	7	3	8	5	6	9
5	8	7	1	6	9	2	3	4

puzzle 81

4	2	6	8	3	5	1	7	9
3	8	7	9	2	1	5	4	6
5	9	1	4	7	6	3	2	8
1	4	2	5	8	7	6	9	3
9	7	8	3	6	4	2	5	1
6	5	3	2	1	9	4	8	7
7	3	4	1	5	8	9	6	2
8	1	5	6	9	2	7	3	4
2	6	9	7	4	3	8	1	5

puzzle 82

puzzle 83

5	2	4	8	9	6	7	3	1
3	1	9	4	7	2	8	5	6
8	7	6	1	5	3	2	9	4
1	9	2	6	8	7	3	4	5
4	6	8	3	2	5	9	1	7
7	5	3	9	4	1	6	8	2
6	3	5	2	1	8	4	7	9
2	4	1	7	3	9	5	6	8
9	8	7	5	6	4	1	2	3

6	3	2	5	9	1	8	7	4
7	1	4	2	8	6	3	9	5
8	5	9	7	3	4	2	6	1
4	7	5	6	2	8	1	3	9
9	2	8	1	7	3	5	4	6
3	6	1	4	5	9	7	8	2
2	4	3	9	1	7	6	5	8
5	9	7	8	6	2	4	1	3
1	8	6	3	4	5	9	2	7

puzzle 84

8	9	7	6	4	2	3	1	5
6	2	3	5	8	1	7	9	4
1	4	5	7	3	9	8	6	2
3	5	9	4	2	8	6	7	1
7	8	4	3	1	6	5	2	9
2	1	6	9	5	7	4	3	8
4	7	1	2	6	5	9	8	3
5	6	8	1	9	3	2	4	7
9	3	2	8	7	4	1	5	6

puzzle 85

puzzle 86

7	2	9	4	3	1	5	6	8
3	4	8	2	6	5	7	9	1
1	5	6	8	9	7	3	2	4
9	8	7	5	4	2	1	3	6
4	6	5	7	1	3	9	8	2
2	1	3	9	8	6	4	5	7
6	3	2	1	5	4	8	7	9
8	7	4	3	2	9	6	1	5
5	9	1	6	7	8	2	4	3

8	9	7	3	1	6	4	2	5
3	2	1	7	4	5	8	9	6
6	5	4	2	9	8	3	1	7
2	4	3	5	7	1	6	8	9
5	1	6	8	2	9	7	4	3
7	8	9	6	3	4	1	5	2
1	7	8	9	5	3	2	6	4
4	3	5	1	6	2	9	7	8
9	6	2	4	8	7	5	3	1

puzzle 87

7	5	4	1	9	8	6	3	2
2	1	9	7	3	6	4	8	5
6	3	8	4	2	5	1	9	7
5	6	3	9	8	2	7	4	1
8	2	1	5	7	4	3	6	9
4	9	7	3	6	1	5	2	8
9	8	5	6	4	7	2	1	3
1	4	2	8	5	3	9	7	6
3	7	6	2	1	9	8	5	4

puzzle 88

puzzle 89

2	5	8	7	4	6	3	1	9
6	7	3	1	2	9	8	5	4
4	1	9	8	3	5	6	7	2
1	3	5	4	9	8	7	2	6
8	6	7	2	5	1	4	9	3
9	4	2	6	7	3	1	8	5
3	8	1	9	6	2	5	4	7
5	2	4	3	8	7	9	6	1
7	9	6	5	1	4	2	3	8

7	1	6	5	3	4	8	9	2
4	8	9	2	6	1	7	5	3
3	5	2	7	9	8	1	6	4
1	6	4	9	5	7	3	2	8
9	3	8	6	1	2	4	7	5
5	2	7	8	4	3	6	1	9
6	7	5	4	8	9	2	3	1
2	4	3	1	7	5	9	8	6
8	9	1	3	2	6	5	4	7

puzzle 90

puzzle 91

9	6	2	7	5	4	1	3	8
7	8	4	1	3	9	6	5	2
3	1	5	2	8	6	7	4	9
2	7	3	4	6	5	9	8	1
4	9	8	3	1	2	5	6	7
6	5	1	8	9	7	4	2	3
8	3	6	5	7	1	2	9	4
5	4	7	9	2	8	3	1	6
1	2	9	6	4	3	8	7	5

puzzle 92

2	3	7	6	1	5	9	4	8
9	5	4	8	3	2	1	7	6
1	8	6	7	9	4	5	2	3
5	6	9	1	4	7	3	8	2
7	1	2	3	8	6	4	9	5
3	4	8	5	2	9	7	6	1
4	9	1	2	6	3	8	5	7
6	7	3	9	5	8	2	1	4
8	2	5	4	7	1	6	3	9

puzzle 93

4	1	2	6	9	8	3	5	7
7	6	9	4	5	3	2	8	1
3	8	5	1	7	2	4	6	9
8	2	1	9	6	7	5	3	4
5	7	6	3	1	4	8	9	2
9	3	4	2	8	5	7	1	6
1	5	8	7	4	6	9	2	3
6	4	3	5	2	9	1	7	8
2	9	7	8	3	1	6	4	5

puzzle 94

4	5	1	2	8	6	7	9	3
7	6	2	5	9	3	1	4	8
9	3	8	1	4	7	5	2	6
2	7	3	9	6	4	8	5	1
5	8	6	7	1	2	9	3	4
1	9	4	8	3	5	2	6	7
8	4	7	3	5	9	6	1	2
6	1	9	4	2	8	3	7	5
3	2	5	6	7	1	4	8	9

puzzle 95

2	9	6	3	5	8	4	7	1
5	8	4	1	6	7	2	9	3
7	3	1	2	4	9	8	6	5
6	2	3	7	1	5	9	8	4
4	1	9	8	3	6	5	2	7
8	5	7	4	9	2	3	1	6
3	4	8	9	7	1	6	5	2
1	6	2	5	8	4	7	3	9
9	7	5	6	2	3	1	4	8

puzzle 96

6	1	3	2	5	9	7	8	4
8	5	9	7	4	6	1	3	2
7	2	4	8	3	1	5	9	6
1	4	7	5	6	8	3	2	9
3	9	2	4	1	7	6	5	8
5	6	8	3	9	2	4	1	7
2	8	5	6	7	3	9	4	1
4	7	1	9	8	5	2	6	3
9	3	6	1	2	4	8	7	5

Puzzle 97

2	1	5	9	4	8	6	7	3
4	3	9	1	7	6	2	5	8
7	6	8	2	5	3	1	9	4
9	4	2	5	8	7	3	1	6
1	5	6	3	9	4	7	8	2
8	7	3	6	1	2	9	4	5
6	9	7	4	2	5	8	3	1
5	2	1	8	3	9	4	6	7
3	8	4	7	6	1	5	2	9

puzzle 98

4	5	9	2	8	3	1	7	6
6	8	7	4	1	9	3	5	2
1	2	3	5	7	6	9	4	8
5	7	2	3	9	4	8	6	1
9	6	4	8	2	1	5	3	7
3	1	8	6	5	7	4	2	9
7	3	5	9	6	8	2	1	4
2	9	1	7	4	5	6	8	3
8	4	6	1	3	2	7	9	5

9	5	2	1	3	4	8	6	7
6	8	4	7	9	2	5	3	1
1	3	7	5	6	8	4	9	2
7	6	8	2	5	1	3	4	9
5	1	9	6	4	3	7	2	8
2	4	3	8	7	9	6	1	5
8	2	5	4	1	6	9	7	3
3	7	6	9	2	5	1	8	4
4	9	1	3	8	7	2	5	6

puzzle 99

puzzle 100

1	9	4	8	6	3	5	2	7
6	8	7	5	4	2	3	9	1
2	5	3	1	9	7	8	6	4
9	4	2	7	5	6	1	3	8
5	3	1	4	2	8	6	7	9
7	6	8	3	1	9	4	5	2
8	2	6	9	3	1	7	4	5
3	7	5	2	8	4	9	1	6
4	1	9	6	7	5	2	8	3

puzzle 101

9	2	6	7	3	8	4	1	5
5	4	7	9	2	1	3	6	8
1	3	8	5	6	4	9	7	2
3	7	1	6	5	9	2	8	4
6	5	4	2	8	3	1	9	7
2	8	9	1	4	7	6	5	3
7	9	5	4	1	2	8	3	6
8	6	2	3	9	5	7	4	1
4	1	3	8	7	6	5	2	9

3	8	1	2	7	9	5	6	4
9	4	6	1	5	3	8	2	7
5	2	7	4	8	6	9	3	1
8	5	2	3	1	4	6	7	9
1	7	4	9	6	8	3	5	2
6	3	9	7	2	5	1	4	8
7	1	8	5	3	2	4	9	6
2	9	5	6	4	1	7	8	3
4	6	3	8	9	7	2	1	5

puzzle 102

2	4	3	7	5	6	9	1	8
7	9	1	4	8	2	5	3	6
5	6	8	9	3	1	7	4	2
6	5	2	1	9	3	8	7	4
1	8	7	5	2	4	6	9	3
9	3	4	8	6	7	1	2	5
8	1	9	2	4	5	3	6	7
3	2	5	6	7	9	4	8	1
4	7	6	3	1	8	2	5	9

puzzle 103

puzzle 104

8	5	6	4	7	9	1	2	3
1	4	7	3	8	2	5	6	9
2	9	3	6	1	5	7	4	8
3	2	4	9	5	6	8	1	7
7	8	5	1	2	3	4	9	6
6	1	9	7	4	8	2	3	5
9	7	2	8	6	1	3	5	4
5	3	8	2	9	4	6	7	1
4	6	1	5	3	7	9	8	2

8	4	7	5	1	3	2	9	6
9	6	1	4	8	2	7	5	3
3	5	2	7	9	6	4	1	8
6	2	3	1	5	7	9	8	4
4	7	8	6	3	9	5	2	1
1	9	5	2	4	8	3	6	7
7	8	4	9	6	5	1	3	2
2	3	9	8	7	1	6	4	5
5	1	6	3	2	4	8	7	9

puzzle 105

puzzle 106

1	6	7	9	3	4	2	8	5
9	4	2	5	8	1	7	6	3
3	8	5	6	7	2	9	4	1
7	2	1	8	6	3	5	9	4
5	3	4	1	9	7	6	2	8
8	9	6	2	4	5	1	3	7
2	5	3	4	1	6	8	7	9
6	7	8	3	5	9	4	1	2
4	1	9	7	2	8	3	5	6

puzzle 107

6	4	1	2	5	3	7	9	8
7	9	8	6	1	4	5	3	2
3	2	5	7	9	8	4	1	6
1	8	6	4	3	7	2	5	9
9	5	3	1	8	2	6	4	7
4	7	2	9	6	5	1	8	3
5	6	9	3	7	1	8	2	4
8	3	4	5	2	6	9	7	1
2	1	7	8	4	9	3	6	5

puzzle 108

6	8	1	5	3	2	4	7	9
5	3	4	7	8	9	2	1	6
2	7	9	4	6	1	5	3	8
9	2	3	1	4	7	6	8	5
7	1	5	8	2	6	9	4	3
8	4	6	9	5	3	7	2	1
1	5	8	6	7	4	3	9	2
4	9	2	3	1	5	8	6	7
3	6	7	2	9	8	1	5	4

puzzle 109

6	4	5	7	3	2	9	1	8
8	3	9	5	4	1	6	2	7
1	7	2	6	8	9	3	4	5
5	1	8	3	7	6	4	9	2
7	9	3	2	1	4	5	8	6
2	6	4	8	9	5	1	7	3
3	2	1	4	6	8	7	5	9
9	8	7	1	5	3	2	6	4
4	5	6	9	2	7	8	3	1

puzzle 110

5	3	1	7	2	9	4	8	6
8	6	9	5	3	4	2	7	1
4	7	2	1	6	8	9	5	3
3	1	4	8	5	2	7	6	9
9	5	6	4	1	7	8	3	2
7	2	8	3	9	6	1	4	5
1	8	3	9	7	5	6	2	4
6	9	7	2	4	3	5	1	8
2	4	5	6	8	1	3	9	7

puzzle 111

7	5	8	1	3	9	2	6	4
9	2	6	4	5	8	3	1	7
3	4	1	7	2	6	8	5	9
6	9	5	3	4	2	1	7	8
4	8	3	6	7	1	9	2	5
2	1	7	9	8	5	6	4	3
1	3	9	5	6	4	7	8	2
8	7	4	2	1	3	5	9	6
5	6	2	8	9	7	4	3	1

3	1	6	8	4	2	9	5	7
8	2	9	5	1	7	4	6	3
4	5	7	6	3	9	1	2	8
2	7	4	1	5	8	3	9	6
9	6	5	3	2	4	8	7	1
1	8	3	7	9	6	2	4	5
5	9	8	4	7	1	6	3	2
7	4	1	2	6	3	5	8	9
6	3	2	9	8	5	7	1	4

puzzle 112

puzzle 113

7	6	3	9	4	1	2	5	8
9	2	5	8	6	3	4	1	7
1	4	8	2	7	5	3	6	9
2	8	4	1	3	6	7	9	5
5	1	9	7	2	8	6	4	3
6	3	7	4	5	9	8	2	1
3	7	6	5	1	4	9	8	2
8	5	2	6	9	7	1	3	4
4	9	1	3	8	2	5	7	6

6	7	1	2	9	3	8	4	5
2	8	5	1	6	4	3	9	7
9	3	4	7	8	5	2	6	1
4	5	9	3	1	2	7	8	6
7	6	8	5	4	9	1	2	3
3	1	2	8	7	6	4	5	9
1	4	6	9	3	8	5	7	2
5	9	7	4	2	1	6	3	8
8	2	3	6	5	7	9	1	4

puzzle 114

puzzle 115

4	3	9	7	1	5	6	8	2
2	7	6	8	3	4	9	5	1
8	1	5	2	9	6	4	7	3
3	5	2	6	4	8	1	9	7
7	9	8	1	5	3	2	6	4
1	6	4	9	7	2	8	3	5
5	4	1	3	6	9	7	2	8
6	2	7	5	8	1	3	4	9
9	8	3	4	2	7	5	1	6

puzzle 116

4	6	9	1	7	3	8	2	5
7	3	2	8	9	5	4	6	1
5	8	1	6	4	2	3	7	9
6	1	4	2	5	7	9	8	3
3	9	8	4	1	6	2	5	7
2	5	7	9	3	8	6	1	4
1	2	3	5	8	4	7	9	6
8	4	5	7	6	9	1	3	2
9	7	6	3	2	1	5	4	8

puzzle 117

7	8	4	3	1	6	9	2	5
6	3	1	2	5	9	7	8	4
5	2	9	7	8	4	6	1	3
1	5	6	8	9	2	3	4	7
3	7	8	4	6	1	2	5	9
9	4	2	5	3	7	8	6	1
8	1	3	6	7	5	4	9	2
2	6	5	9	4	3	1	7	8
4	9	7	1	2	8	5	3	6

puzzle 118

3	8	1	2	7	9	5	6	4
9	4	6	1	5	3	8	2	7
5	2	7	4	8	6	9	3	1
8	5	2	3	1	4	6	7	9
1	7	4	9	6	8	3	5	2
6	3	9	7	2	5	1	4	8
7	1	8	5	3	2	4	9	6
2	9	5	6	4	1	7	8	3
4	6	3	8	9	7	2	1	5

puzzle 119

2	4	3	7	5	6	9	1	8
7	9	1	4	8	2	5	3	6
5	6	8	9	3	1	7	4	2
6	5	2	1	9	3	8	7	4
1	8	7	5	2	4	6	9	3
9	3	4	8	6	7	1	2	5
8	1	9	2	4	5	3	6	7
3	2	5	6	7	9	4	8	1
4	7	6	3	1	8	2	5	9

puzzle 120

8	5	6	4	7	9	1	2	3
1	4	7	3	8	2	5	6	9
2	9	3	6	1	5	7	4	8
3	2	4	9	5	6	8	1	7
7	8	5	1	2	3	4	9	6
6	1	9	7	4	8	2	3	5
9	7	2	8	6	1	3	5	4
5	3	8	2	9	4	6	7	1
4	6	1	5	3	7	9	8	2

puzzle 121

8	4	7	5	1	3	2	9	6
9	6	1	4	8	2	7	5	3
3	5	2	7	9	6	4	1	8
6	2	3	1	5	7	9	8	4
4	7	8	6	3	9	5	2	1
1	9	5	2	4	8	3	6	7
7	8	4	9	6	5	1	3	2
2	3	9	8	7	1	6	4	5
5	1	6	3	2	4	8	7	9

puzzle 122

1	6	7	9	3	4	2	8	5
9	4	2	5	8	1	7	6	3
3	8	5	6	7	2	9	4	1
7	2	1	8	6	3	5	9	4
5	3	4	1	9	7	6	2	8
8	9	6	2	4	5	1	3	7
2	5	3	4	1	6	8	7	9
6	7	8	3	5	9	4	1	2
4	1	9	7	2	8	3	5	6

6	4	1	2	5	3	7	9	8
7	9	8	6	1	4	5	3	2
3	2	5	7	9	8	4	1	6
1	8	6	4	3	7	2	5	9
9	5	3	1	8	2	6	4	7
4	7	2	9	6	5	1	8	3
5	6	9	3	7	1	8	2	4
8	3	4	5	2	6	9	7	1
2	1	7	8	4	9	3	6	5

puzzle 123

puzzle 124

6	8	1	5	3	2	4	7	9
5	3	4	7	8	9	2	1	6
2	7	9	4	6	1	5	3	8
9	2	3	1	4	7	6	8	5
7	1	5	8	2	6	9	4	3
8	4	6	9	5	3	7	2	1
1	5	8	6	7	4	3	9	2
4	9	2	3	1	5	8	6	7
3	6	7	2	9	8	1	5	4

puzzle 125

6	4	5	7	3	2	9	1	8
8	3	9	5	4	1	6	2	7
1	7	2	6	8	9	3	4	5
5	1	8	3	7	6	4	9	2
7	9	3	2	1	4	5	8	6
2	6	4	8	9	5	1	7	3
3	2	1	4	6	8	7	5	9
9	8	7	1	5	3	2	6	4
4	5	6	9	2	7	8	3	1

puzzle 126

4	9	2	6	7	8	3	1	5
1	6	7	3	4	5	8	2	9
8	5	3	2	1	9	6	4	7
5	3	4	8	2	7	1	9	6
6	2	9	1	3	4	5	7	8
7	8	1	5	9	6	2	3	4
3	7	8	4	6	1	9	5	2
2	4	6	9	5	3	7	8	1
9	1	5	7	8	2	4	6	3

puzzle 127

3	1	4	6	8	9	7	2	5
7	8	9	2	4	5	3	6	1
6	5	2	7	1	3	9	8	4
9	6	7	5	3	8	4	1	2
4	3	8	1	9	2	6	5	7
5	2	1	4	6	7	8	9	3
1	7	6	9	2	4	5	3	8
2	4	3	8	5	6	1	7	9
8	9	5	3	7	1	2	4	6

puzzle 128

3	1	5	6	7	2	4	8	9
6	9	2	8	4	3	1	5	7
7	4	8	1	9	5	6	2	3
2	6	4	3	8	1	7	9	5
8	7	9	4	5	6	3	1	2
1	5	3	7	2	9	8	6	4
4	2	7	9	6	8	5	3	1
9	8	1	5	3	7	2	4	6
5	3	6	2	1	4	9	7	8

puzzle 129

4	2	1	9	5	3	6	8	7
7	5	6	1	8	4	3	9	2
3	8	9	6	2	7	4	1	5
8	6	5	2	4	9	1	7	3
2	1	4	7	3	8	9	5	6
9	7	3	5	6	1	8	2	4
6	3	2	8	9	5	7	4	1
5	9	7	4	1	6	2	3	8
1	4	8	3	7	2	5	6	9

puzzle 130

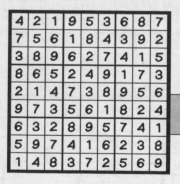

2	4	9	1	7	3	5	8	6
3	5	7	8	4	6	1	9	2
8	1	6	5	9	2	7	4	3
1	7	2	9	6	8	4	3	5
4	6	8	3	5	1	2	7	9
5	9	3	4	2	7	8	6	1
9	2	4	7	3	5	6	1	8
6	3	1	2	8	4	9	5	7
7	8	5	6	1	9	3	2	4

puzzle 131

5	3	2	8	4	1	6	7	9
1	9	6	5	3	7	2	8	4
4	7	8	9	6	2	5	3	1
7	4	1	3	2	5	8	9	6
3	6	9	4	1	8	7	2	5
2	8	5	6	7	9	1	4	3
9	5	3	7	8	6	4	1	2
6	1	7	2	9	4	3	5	8
8	2	4	1	5	3	9	6	7

puzzle 132

1	4	9	2	8	6	7	3	5
7	6	5	1	9	3	2	4	8
3	8	2	5	7	4	6	9	1
5	2	4	9	1	7	3	8	6
9	3	6	4	2	8	5	1	7
8	7	1	3	6	5	4	2	9
4	1	8	7	5	2	9	6	3
2	9	7	6	3	1	8	5	4
6	5	3	8	4	9	1	7	2

puzzle 133

3	9	1	8	4	2	5	6	7
2	5	7	9	6	1	4	8	3
6	4	8	7	3	5	9	1	2
7	6	2	4	8	9	1	3	5
9	8	5	6	1	3	2	7	4
4	1	3	2	5	7	6	9	8
8	3	4	5	9	6	7	2	1
1	7	6	3	2	4	8	5	9
5	2	9	1	7	8	3	4	6

puzzle 134

9	2	3	4	5	8	1	6	7
8	1	7	3	6	9	5	4	2
6	5	4	1	2	7	9	8	3
3	6	1	8	7	2	4	5	9
2	4	5	9	1	6	3	7	8
7	8	9	5	4	3	2	1	6
5	3	2	6	8	1	7	9	4
4	7	8	2	9	5	6	3	1
1	9	6	7	3	4	8	2	5

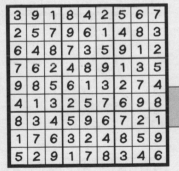

puzzle 135

3	9	1	2	6	8	4	5	7
8	6	7	3	5	4	1	2	9
4	2	5	9	7	1	3	6	8
9	1	6	8	4	5	7	3	2
2	7	3	6	1	9	8	4	5
5	8	4	7	2	3	6	9	1
7	3	9	4	8	2	5	1	6
1	4	8	5	9	6	2	7	3
6	5	2	1	3	7	9	8	4

puzzle 136

3	1	5	8	7	6	4	9	2
9	7	4	5	2	1	8	3	6
2	8	6	9	4	3	1	5	7
1	3	8	2	6	5	9	7	4
5	2	9	7	3	4	6	1	8
6	4	7	1	9	8	5	2	3
8	9	3	6	1	7	2	4	5
7	6	1	4	5	2	3	8	9
4	5	2	3	8	9	7	6	1

puzzle 137

3	7	5	4	2	1	8	6	9
2	1	6	7	8	9	3	4	5
9	8	4	6	3	5	1	2	7
8	5	2	3	4	7	9	1	6
6	9	7	2	1	8	4	5	3
1	4	3	5	9	6	7	8	2
4	3	1	9	6	2	5	7	8
5	6	9	8	7	4	2	3	1
7	2	8	1	5	3	6	9	4

puzzle 138

1	9	3	7	6	8	2	5	4
6	8	7	4	5	2	9	1	3
2	4	5	1	3	9	6	7	8
8	3	4	9	1	6	7	2	5
5	7	1	8	2	3	4	9	6
9	2	6	5	4	7	8	3	1
3	6	8	2	9	5	1	4	7
4	5	2	6	7	1	3	8	9
7	1	9	3	8	4	5	6	2

puzzle 139

2	3	7	1	5	4	9	8	6
1	9	8	7	6	3	5	2	4
5	4	6	2	9	8	3	1	7
8	1	9	4	3	7	6	5	2
7	6	2	9	1	5	4	3	8
4	5	3	6	8	2	7	9	1
9	7	1	3	2	6	8	4	5
6	2	5	8	4	9	1	7	3
3	8	4	5	7	1	2	6	9

puzzle 140

5	9	3	6	4	7	8	1	2
4	7	6	2	8	1	5	3	9
8	1	2	9	5	3	6	4	7
9	3	7	4	2	6	1	8	5
2	6	8	3	1	5	9	7	4
1	4	5	8	7	9	2	6	3
6	5	1	7	9	4	3	2	8
7	2	9	1	3	8	4	5	6
3	8	4	5	6	2	7	9	1

puzzle 141

6	1	7	2	5	8	3	4	9
3	8	5	6	9	4	1	7	2
4	2	9	7	1	3	6	8	5
1	3	2	4	8	9	7	5	6
7	4	6	3	2	5	9	1	8
5	9	8	1	7	6	4	2	3
2	5	4	9	6	1	8	3	7
9	7	3	8	4	2	5	6	1
8	6	1	5	3	7	2	9	4

puzzle 142

2	4	9	7	1	8	6	5	3
6	1	7	3	9	5	8	2	4
3	8	5	2	4	6	1	9	7
1	3	6	5	2	7	9	4	8
8	9	2	6	3	4	7	1	5
5	7	4	1	8	9	2	3	6
4	2	1	8	7	3	5	6	9
7	6	3	9	5	2	4	8	1
9	5	8	4	6	1	3	7	2

puzzle 143

4	6	5	1	9	3	7	2	8
8	1	2	7	6	4	3	9	5
7	3	9	8	5	2	4	6	1
5	2	6	3	4	7	1	8	9
9	7	8	6	1	5	2	4	3
3	4	1	2	8	9	6	5	7
6	5	4	9	7	1	8	3	2
1	9	3	4	2	8	5	7	6
2	8	7	5	3	6	9	1	4

puzzle 144

6	3	7	9	8	5	1	4	2
9	2	1	6	3	4	5	8	7
8	4	5	7	1	2	3	9	6
2	7	8	3	9	6	4	1	5
3	5	4	1	2	7	8	6	9
1	6	9	4	5	8	2	7	3
5	9	2	8	7	1	6	3	4
4	8	3	5	6	9	7	2	1
7	1	6	2	4	3	9	5	8

puzzle 145

1	6	8	4	5	3	2	7	9
5	9	3	8	7	2	6	4	1
4	7	2	6	9	1	5	8	3
9	3	1	5	6	7	4	2	8
2	8	7	1	3	4	9	6	5
6	5	4	2	8	9	3	1	7
7	1	6	9	2	5	8	3	4
3	2	5	7	4	8	1	9	6
8	4	9	3	1	6	7	5	2

puzzle 146

9	8	2	7	6	5	1	4	3
7	4	5	1	3	9	6	8	2
1	6	3	4	8	2	7	5	9
6	9	8	2	1	4	5	3	7
4	2	7	3	5	6	8	9	1
5	3	1	9	7	8	4	2	6
3	5	9	6	4	1	2	7	8
8	7	6	5	2	3	9	1	4
2	1	4	8	9	7	3	6	5